COMMENT OUVRIR UN KEBAB

ET COMBIEN ÇA RAPPORTE ?

INTRODUCTION

1 - Pourquoi choisir le secteur du kébab ?   10

2 - Aperçu du marché actuel de la restauration rapide et du kébab.   14

Chapitre 1 : Histoire et Culture du Kébab

1 - Origines et évolution   22

2 - Variations régionales et internationales.   26

Chapitre 2 : Premiers Pas : Conception & Planification

1 - Étude de marché : comprendre la demande 32

2 - Sélection de l'emplacement : critères essentiels. 36

Chapitre 3 : Le Menu

1 - Créer un menu attrayant. 44

2 - Calculer les coûts et fixer les prix. 49

3 - Tester et adapter : obtenir des retours de clients. 52

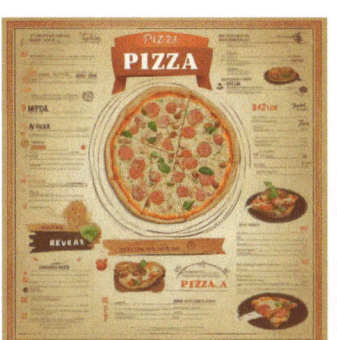

Chapitre 4 : Aspects Juridiques et Réglementaires

1 - Démarches administratives pour ouvrir un restaurant. 58

2 - Licences et permis nécessaires. 63

3 - Normes d'hygiène et de sécurité. 67

Chapitre 5 : Financement & Budget

1 - Coûts initiaux et investissements 74

2 - Recherche de financements : prêts, investisseurs, crowdfunding. 79

3 - Gestion budgétaire et prévisionnelle. 83

Chapitre 6 : Fournisseurs & Achats

1 - Comment choisir ses fournisseurs ? 90

2 - Négociation et relations à long terme. 95

3 - Gestion des stocks. 99

Chapitre 7 : Marketing & Publicité

1 - Stratégies de marketing digital 104

2 - La puissance des médias sociaux 107

3 - Fidélisation de la clientèle : programmes et promotions 110

Chapitre 8 : Gestion du Personnel

1 - Recrutement et formation 114

2 - Gestion des salaires et des avantages 118

3 - Cultiver une culture d'entreprise positive 123

Chapitre 9 : Analyse Financière

1 - Combien un kébab peut-il vraiment rapporter ? 128

2 - Études de cas : success stories et leçons tirées des échecs. 131

3 - Comment maximiser les profits ? 136

Chapitre 10 : Défis et Solutions

1 - Principaux obstacles rencontrés par les propriétaires de kébab.   140

2 - Stratégies pour surmonter les périodes difficiles.   144

Chapitre 11 : Perspectives d'Avenir

1 - Tendances émergentes dans le secteur du kébab   150

2 - Évolution vers la franchise ou l'expansion   153

Conclusion

1 - Résumé des points clés   159

2 - Motivation et encouragement pour les futurs entrepreneurs.   163

Bonus

1 - Exemples de jolis menus   166

2 - Exemples de jolis décors   177

3 - Bonus Exclusif   26

Introduction

1 - Pourquoi choisir le secteur du kébab ?

Le kébab, ce sandwich populaire garni de tranches de viande grillée, d'une variété de légumes et souvent accompagné d'une sauce, a largement dépassé ses frontières originelles pour se propager à travers le monde. Mais pourquoi envisager d'investir dans ce secteur particulier de la restauration rapide ? Voici quelques raisons qui pourraient vous convaincre.

1 - Popularité croissante

Depuis ces dernières décennies, le kébab s'est progressivement imposé comme une option de repas rapide et savoureux dans de nombreuses villes à travers le monde. Son goût unique et sa capacité à rassasier rapidement en font un choix favori parmi une large clientèle, qu'il s'agisse d'étudiants, de professionnels pressés ou de personnes cherchant une option de repas tard dans la nuit.

2 - Flexibilité du concept

Contrairement à certains autres types de restauration rapide, le kébab offre une flexibilité exceptionnelle. Il peut être adapté à différents goûts régionaux, incorporer des ingrédients locaux, ou même être réinventé pour répondre à des préférences alimentaires spécifiques (comme les options végétariennes ou végétaliennes).

3 - Investissement initial modéré

Comparé à d'autres types de restaurants ou de franchises de restauration rapide, ouvrir un kébab peut nécessiter un investissement initial relativement modeste, en particulier si vous commencez petit et ciblez d'abord une clientèle locale.

4 - Potentiel de croissance

Avec l'évolution des préférences alimentaires et une demande croissante pour des options de restauration rapide internationales, le marché du kébab a encore beaucoup de potentiel de croissance. Ce secteur offre la possibilité d'expansion, que ce soit par la création de multiples points de vente, la franchise ou la diversification du menu.

5 - Culture et communauté

Le kébab, bien qu'ayant ses racines dans les cultures d'Asie occidentale, est devenu un phénomène mondial. Il rassemble les gens, transcendant souvent les barrières culturelles. En investissant dans ce secteur, vous ne vendez pas seulement un produit alimentaire, mais participez également à la diffusion d'une culture et à la création d'une communauté autour de la nourriture.

6 - Potentiel de rentabilité

En raison de son coût de production relativement bas, de la rapidité de préparation et de la forte demande, le kébab peut offrir des marges bénéficiaires intéressantes pour les entrepreneurs avisés qui gèrent efficacement leurs coûts et leur marketing.

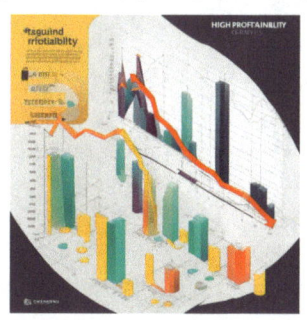

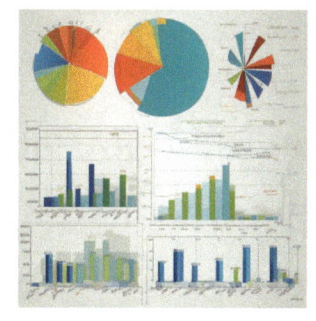

Conclusion

En conclusion, choisir le secteur du kébab est une décision stratégique qui combine passion pour la nourriture, compréhension des tendances du marché et désir d'offrir un produit qui a fait ses preuves en termes de popularité et de demande. Avec le bon emplacement, une gestion solide et un sens aigu des affaires, se lancer dans l'aventure du kébab peut s'avérer être une entreprise lucrative et enrichissante.

2 - Aperçu du marché actuel de la restauration rapide et du kébab

L'univers de la restauration rapide a connu une expansion phénoménale au cours des dernières décennies. Cela s'est traduit par une profusion de choix pour les consommateurs et une concurrence accrue pour les entrepreneurs. Pourtant, parmi les multitudes d'options disponibles, le kébab se distingue et tient une place particulière. Voici un aperçu du marché actuel.

1 - La domination de la restauration rapide

La vie moderne, avec son rythme effréné, a propulsé la restauration rapide au sommet des choix alimentaires de nombreuses personnes à travers le monde. Les gens recherchent des options qui sont à la fois délicieuses, économiques et rapides. Selon les études, la croissance du secteur de la restauration rapide devrait continuer, alimentée par des facteurs tels que la croissance démographique, l'urbanisation et l'évolution des modes de vie.

2 - Kébab : Une offre unique dans un marché saturé

Alors que le marché est saturé de chaînes de burgers, de pizzas et de poulets frits, le kébab offre une alternative savoureuse qui se démarque. Il présente une combinaison unique de viandes grillées, de légumes frais et de sauces, répondant ainsi aux désirs des consommateurs recherchant des saveurs différentes.

3 - Adaptabilité culturelle

Le kébab a cette capacité incroyable de s'adapter aux préférences locales. Qu'il s'agisse d'intégrer des épices spécifiques, des méthodes de cuisson ou même des variations végétariennes, le kébab se métamorphose pour plaire aux palais de différentes régions.

4 - Tendances actuelles influençant le marché du kébab

La santé et le bien-être sont devenus des priorités pour de nombreux consommateurs. Cela a conduit à une augmentation de la demande pour des options de kébab plus saines, comme des viandes maigres, des légumes biologiques, ou même des versions végétaliennes. Parallèlement, la personnalisation où les clients peuvent "construire" leur propre kébab en choisissant parmi une variété d'ingrédients est également en hausse.

5 - Défis du marché

Comme tout secteur, la restauration rapide et le marché du kébab ont leurs défis. La concurrence est féroce, et les attentes des consommateurs en matière de qualité, de service et de rapidité sont élevées. De plus, les fluctuations des prix des matières premières, les réglementations sanitaires et la gestion de la main-d'œuvre sont des préoccupations constantes.

6 - Potentiel d'innovation

Le marché du kébab, bien qu'établi, est loin d'être stagnant. Il y a un potentiel considérable pour l'innovation, que ce soit en termes de saveurs, de méthodes de cuisson, de marketing ou de formats de service (par exemple, food trucks, kiosques, livraison à domicile).

Conclusion

En somme, le marché actuel de la restauration rapide est dynamique, compétitif et en constante évolution. Le kébab, avec sa richesse de saveurs, son adaptabilité culturelle et son potentiel d'innovation, occupe une niche prometteuse dans ce paysage. Pour l'entrepreneur averti, conscient des tendances et prêt à innover, il existe d'énormes opportunités à saisir.

Chapitre 1 : Histoire et Culture du Kébab

1 - Origines et évolution

Le kébab, dans sa forme actuelle, est peut-être associé à des fast-foods cosmopolites, mais son histoire est riche et remonte à des millénaires, témoignant de sa traversée culturelle et de son adaptation à travers le temps et les territoires.

1 - Des racines anciennes

L'idée de griller de la viande sur des bâtons ou des broches est aussi vieille que l'histoire de la cuisine elle-même. Les premières traces d'une technique similaire à celle utilisée pour faire des kebabs peuvent être retrouvées dans les cultures anciennes du Moyen-Orient, où les guerriers cuisaient de la viande découpée en morceaux sur leurs épées, la grillant sur un feu ouvert.

2 - Le mot "Kébab"

Le terme "kébab" provient de l'arabe "kabāb", qui signifie littéralement "griller". Au fil du temps, ce mot a été adopté et adapté par différentes cultures, conduisant à diverses prononciations et variations du plat lui-même.

3 - Döner Kébab

Ce qui est souvent connu sous le nom de "kébab" en Europe est en réalité une version appelée "döner kébab". Originaire de Turquie, le "döner" signifie "qui tourne", une référence à la broche rotative sur laquelle la viande est cuite. Ce style a été popularisé à Berlin, en Allemagne, dans les années 1970, où il a été adapté pour être servi dans un pain avec des légumes et des sauces, créant ainsi le sandwich que nous connaissons aujourd'hui.

4 - Adaptations régionales

Comme le kébab a voyagé à travers les continents, il s'est adapté aux goûts locaux. Par exemple, en Inde, le "kebab" est souvent associé à une variété de brochettes grillées, comme le "seekh kebab" ou le "shami kebab". Dans les Balkans, vous avez le "ćevapi", une variante de petites boulettes de viande grillée.

5 - Kébab moderne

Avec la mondialisation et la migration, le kébab est devenu un aliment de base des fast-foods à travers le monde. Les innovations ont conduit à l'introduction de variétés végétariennes, de nouvelles sauces et de différents types de pains. Sa popularité en tant que repas rapide et satisfaisant a également été renforcée par sa présence sur les marchés nocturnes, les festivals et autres événements.

6 - Les défis culturels

Bien que le kébab soit aimé à l'échelle mondiale, il a également été sujet à des controverses culturelles, notamment en ce qui concerne son assimilation et sa commercialisation. Dans certains pays, des débats ont eu lieu sur son origine, sa préparation traditionnelle et sa représentation culturelle.

Conclusion

Le kébab n'est pas seulement un plat; c'est un témoignage de la façon dont la nourriture peut traverser les frontières, s'adapter, évoluer et finalement se fondre dans le tissu de multiples sociétés. Sa longue histoire et sa capacité à se réinventer montrent que, malgré ses origines anciennes, le kébab reste éternellement jeune et pertinent dans le paysage culinaire mondial.

2 - Variations régionales et internationales

Le kébab, tout en conservant son essence de base, a embrassé les cultures et les goûts de chaque région qu'il a touchée. Ce qui a commencé comme une simple technique de cuisson de viande a évolué pour incorporer des saveurs, des techniques et des présentations diverses à travers le monde. Voici un aperçu des variations notables du kébab dans différentes régions.

1 - Turquie - Döner Kébab

Comme mentionné précédemment, le "döner kébab" est la version turque où la viande est cuite sur une broche verticale rotative. Habituellement, cette viande est servie dans un pain avec des légumes, des oignons et des sauces variées. En Turquie, vous pouvez également trouver des variantes comme "İskender", avec du pain, du beurre, des tomates et du yaourt.

2 - Grèce - Gyros

Semblable au döner, le gyros grec est souvent fait d'agneau, de porc ou de poulet. Servi avec des tomates, des oignons, des frites et une sauce tzatziki dans un pain pita, le gyros est un favori dans la cuisine grecque.

3 - Moyen-Orient - Shawarma

Le shawarma est une version du Moyen-Orient du kebab rotatif. Généralement préparé avec de l'agneau, du poulet ou du bœuf, le shawarma est assaisonné d'épices particulières et servi dans un pain pita avec des légumes, du tahini ou du houmous.

4 - Inde - Kebabs

L'Inde, avec sa riche tapestry culinaire, a adopté et adapté les kebabs. Des variantes comme le "Seekh Kebab" (brochettes de viande épicée), le "Shami Kebab" (boulettes de viande frites) ou le "Galouti Kebab" (tendres boulettes de viande) sont populaires, souvent accompagnées de sauces à base de yaourt et de menthe.

5 - Asie centrale - Shashlik

Courant dans des pays comme le Kazakhstan, l'Ouzbékistan et la Russie, le shashlik est une brochette de viande, souvent d'agneau, marinée et grillée sur des charbons ardents, généralement servie avec du pain et des légumes.

6 - Amérique du Nord

Aux États-Unis et au Canada, le kebab est souvent reconnu sous la forme de "brochettes". Ces brochettes sont généralement constituées de morceaux de viande et de légumes grillés, et peuvent être servies avec diverses sauces ou assaisonnements.

7 - Europe de l'Est - Ćevapi

Dans les Balkans, le Ćevapi ou Ćevapčići est populaire. Il s'agit de petites saucisses grillées, généralement servies avec du pain plat (comme le somun) et souvent accompagnées de condiments comme l'ajvar.

Conclusion

Le kébab, dans ses nombreuses incarnations, illustre comment une idée culinaire peut être universelle tout en étant profondément locale. Chaque région a apporté sa propre interprétation et ses propres saveurs au plat, créant une mosaïque de kebabs qui reflète la diversité culturelle et gustative de notre monde. Il n'est donc pas étonnant que ce plat, sous toutes ses formes, continue de captiver les palais à travers le monde.

Chapitre 2 :
Premiers Pas : Conception & Planification

1 - Étude de marché : comprendre la demande

Lancer un commerce, en particulier dans le domaine de la restauration, nécessite une étude approfondie du marché pour évaluer la viabilité et le potentiel de réussite. Comprendre la demande est un élément crucial de cette étude. Voici comment vous pouvez analyser la demande pour un établissement de kébab.

1 - Identification de la cible démographique

Âge

Les jeunes adultes (18-35 ans) sont-ils votre principal public cible ou ciblez-vous une tranche d'âge différente ?

Revenu

Votre offre est-elle destinée à des personnes à revenu élevé recherchant une expérience gastronomique ou à un public à la recherche d'options abordables ?

2 - Analyse de la localisation

Emplacement

L'emplacement envisagé est-il dans une zone à forte affluence comme un centre commercial, près d'universités ou dans un quartier résidentiel ?

Concurrence à proximité

Combien d'autres établissements de restauration rapide ou de kébabs se trouvent à proximité ?

3 - Tendances du marché

Préférences alimentaires

Y a-t-il une tendance croissante pour les options végétariennes ou végétaliennes dans votre région ?

Heures de pointe

Quels sont les moments de la journée ou de la semaine où les restaurants de votre zone connaissent le plus de fréquentation ?

4 - Évaluation des préférences du consommateur

Enquêtes

Utilisez des questionnaires ou des interviews pour comprendre les préférences des consommateurs en matière de goût, de prix et d'expérience globale.

Feedback

Étudiez les avis en ligne sur les établissements concurrents pour identifier leurs points forts et leurs faiblesses.

5 - Étude des habitudes de dépenses

Prix moyen

Quel est le montant moyen que les clients sont prêts à dépenser pour un repas dans votre zone ?

Fréquence

À quelle fréquence les clients mangent-ils à l'extérieur ou commandent des plats à emporter ?

6 - Impact saisonnier

Tendance saisonnière

Y a-t-il des mois où la demande pour la restauration rapide ou les kébabs est particulièrement élevée ou faible ?

Événements locaux

Des événements locaux, comme des festivals ou des foires, peuvent-ils influencer la demande ?

7 - Potentiel de croissance

Évolution démographique

La population de la région est-elle en croissance ou en déclin ?

Tendances culturelles

La popularité du kébab ou des aliments similaires est-elle en augmentation ?

Conclusion

Une étude de marché approfondie est essentielle pour évaluer la demande et garantir le succès de votre entreprise de kébab. Il ne suffit pas de fournir un produit de qualité; il est tout aussi crucial de comprendre les besoins et les désirs de votre marché cible, de surveiller les tendances et d'adapter en conséquence votre offre. Une analyse attentive des éléments ci-dessus vous donnera une base solide pour lancer et développer votre entreprise de manière rentable.

2 - Sélection de l'emplacement : critères essentiels

La localisation de votre restaurant ou de votre stand de kébab est l'un des facteurs les plus critiques de votre succès commercial. Un bon produit dans un mauvais emplacement peut ne pas attirer la clientèle souhaitée. Voici les critères essentiels à prendre en compte lors de la sélection de l'emplacement idéal pour votre établissement de kébab:

1 - Visibilité

Un emplacement hautement visible depuis une route principale ou une rue passante peut augmenter la fréquentation de votre établissement. Les enseignes visibles et un accès facile sont essentiels pour attirer les clients de passage.

2 - Accessibilité

L'emplacement doit être facilement accessible tant pour les piétons que pour les véhicules. Si les clients potentiels trouvent difficile d'accéder à votre restaurant, ils pourraient opter pour une autre option.

3 - Démographie

Étudiez la population locale. Assurez-vous que votre cible démographique réside ou travaille près de l'emplacement choisi. Un restaurant près d'une université peut bénéficier d'une clientèle jeune, tandis qu'un emplacement dans un quartier d'affaires pourrait attirer des employés de bureau pendant les pauses déjeuner.

4 - Proximité des concurrents

Il est essentiel d'évaluer la concentration de concurrents dans la zone choisie. Un certain niveau de concurrence peut être bénéfique (cela signifie généralement que la demande est élevée), mais une saturation du marché pourrait rendre la concurrence trop intense.

5 - Coût du loyer

Évaluez les coûts de location ou d'achat de l'espace. Assurez-vous que les coûts sont en accord avec votre budget et votre prévision de chiffre d'affaires.

6 - Taille et aménagement

L'espace choisi doit être suffisamment grand pour accueillir la cuisine, la salle à manger, les toilettes et éventuellement un espace de stockage. De plus, considérez la possibilité d'un aménagement qui offre une ambiance agréable et fonctionnelle.

7 - Sécurité

La sécurité de l'emplacement est primordiale, tant pour les clients que pour le personnel. Les zones avec un faible taux de criminalité et une bonne visibilité sont préférables.

8 - Stationnement

Un parking pratique et suffisant peut augmenter le nombre de clients qui choisissent votre restaurant, surtout dans les zones où le stationnement est limité.

9 - Potentiel de croissance

Regardez l'évolution future de la région. Si de nouveaux développements résidentiels ou commerciaux sont prévus, cela pourrait signifier une augmentation future de la clientèle.

10 - Réglementations locales

Renseignez-vous sur les réglementations locales concernant la restauration, les licences et les permissions. Certains emplacements peuvent avoir des restrictions qui pourraient affecter votre entreprise.

Conclusion

Choisir le bon emplacement nécessite une combinaison d'étude de marché, de prévision financière et d'intuition entrepreneuriale. En tenant compte de ces critères essentiels, vous maximiserez vos chances de réussite et d'établir une clientèle fidèle pour votre établissement de kébab.

Chapitre 3 : Le Menu

1 - Créer un menu attrayant

Le menu est le cœur de tout établissement de restauration. C'est le principal outil de communication avec vos clients, leur présentant ce que vous avez à offrir. Un menu attrayant et bien pensé peut non seulement séduire les clients, mais aussi influencer leurs choix et renforcer la mémorabilité de votre marque. Voici comment créer un menu attrayant pour votre kébab:

1 - Comprendre votre clientèle

Préférences : Étudiez les tendances et les préférences alimentaires de votre marché cible.

Besoins diététiques : Prenez en compte les besoins végétariens, végétaliens, sans gluten, etc.

2 - Diversité et spécialités

Variété : Proposez une gamme diversifiée d'options, incluant différentes viandes, garnitures, et sauces.

Plats signatures : Créez des plats uniques qui distinguent votre établissement des autres.

3 - Clarté et simplicité

Organisation : Classez les éléments du menu de manière logique (entrées, plats principaux, desserts, boissons).

Descriptions : Utilisez des descriptions claires et alléchantes, mais évitez d'en faire trop.

4 - Équilibre des prix

Plats à marge élevée : Mettez en avant les plats qui ont une marge bénéficiaire élevée.

Options économiques : Assurez-vous d'avoir également des options abordables pour attirer une clientèle variée.

5 - Design et esthétique

Images : Utilisez des photos de haute qualité et évitez de surcharger le menu.

Typographie et couleur : Choisissez des polices lisibles et des couleurs en accord avec votre image de marque.

6 - Mise à jour régulière

Saisonnalité : Adaptez votre menu aux saisons pour tirer parti des ingrédients frais disponibles.

Feedback : Écoutez les commentaires des clients et ajustez le menu en conséquence.

7 - Éthique et responsabilité

Produits locaux : Mettez en avant les ingrédients locaux pour soutenir les producteurs de la région et réduire votre empreinte carbone.

Transparence : Indiquez clairement les allergènes et autres informations pertinentes.

8 - Options pour tous

Menu enfants : Si vous ciblez les familles, proposez des options spécifiques pour les enfants.

Boissons : Assurez-vous d'avoir une variété de boissons, alcoolisées ou non, pour accompagner les repas.

9 - Tester et ajuster

Pilotes : Avant de finaliser le menu, testez-le auprès d'un petit groupe pour recueillir des avis.

Ajustements : N'hésitez pas à retirer les plats qui ne sont pas populaires et à en ajouter de nouveaux en fonction de la demande.

Conclusion

Un menu attrayant est plus qu'une simple liste de plats. C'est un outil stratégique qui peut augmenter vos ventes, améliorer l'expérience client et renforcer l'identité de votre marque. Prenez le temps de le concevoir avec soin, en gardant toujours à l'esprit les besoins et les désirs de vos clients.

2 - Calculer les coûts et fixer les prix

L'un des aspects les plus délicats, mais essentiels, de la gestion d'un restaurant ou d'un stand de kébab est la tarification. Fixer les prix nécessite une compréhension claire des coûts tout en gardant à l'esprit les attentes du marché. Voici comment vous pouvez aborder ce processus:

1 - Calcul des coûts directs

01 Ingrédients : Établissez la liste de tous les ingrédients nécessaires pour chaque plat et déterminez leur coût unitaire.

02 Main-d'œuvre : Prenez en compte le coût horaire du personnel impliqué dans la préparation et la vente du plat.

03 Équipement spécifique : Si des équipements spécialisés sont nécessaires pour certains plats, amortissez leur coût sur le nombre prévu de ventes.

2 - Coûts indirects

04 Loyer : Répartissez le coût mensuel du loyer entre les différentes unités de vente.

05 Électricité, eau, gaz : Estimez la consommation pour chaque plat et ajoutez ces coûts.

06 Marketing et publicité : Si vous avez des campagnes publicitaires pour promouvoir certains plats, incluez ces coûts.

3 - Marge bénéficiaire souhaitée

07 Définissez la marge bénéficiaire que vous souhaitez obtenir pour chaque plat. Elle peut varier en fonction de la popularité du plat, de sa singularité ou de la stratégie d'entrée sur le marché.

4 - Analyse de la concurrence

08
Étudiez les prix pratiqués par les concurrents pour des offres similaires. Cela vous aidera à comprendre où se situe votre tarification sur le marché.

5 - Perception du client

09
Tenez compte de la valeur perçue par le client. Si vous offrez une expérience unique ou des ingrédients haut de gamme, vous pouvez fixer des prix légèrement plus élevés.

6 - Stratégies de tarification

10
Prix psychologiques : Les prix tels que 9,99 € au lieu de 10 € peuvent donner l'impression d'une meilleure affaire.

11
Offres spéciales : Proposez des réductions pour des combinaisons (par exemple, un kébab + une boisson à un prix réduit).

12
Menu dégustation : Pour les établissements plus haut de gamme, proposez un menu dégustation à un prix fixe.

7 - Révision régulière

13
Inflation : Avec la fluctuation des coûts des matières premières, ajustez régulièrement vos prix pour maintenir vos marges.

14
Feedback client : Si des clients trouvent vos prix trop élevés ou trop bas, prenez en compte leurs retours lors de vos révisions.

8 - Transparence

15 Assurez-vous que les prix sont clairement indiqués, sans frais cachés, pour éviter toute confusion ou mécontentement de la part du client.

Conclusion

La tarification est un équilibre délicat entre la couverture des coûts, l'obtention d'une marge bénéficiaire raisonnable, et l'offre d'une valeur appropriée au client. Une compréhension claire de vos coûts, combinée à une analyse attentive du marché, vous permettra de fixer des prix compétitifs tout en assurant la viabilité financière de votre établissement de kébab.

3 - Tester et adapter : obtenir des retours de clients

La capacité d'écouter activement les clients et d'ajuster en fonction de leurs retours est cruciale pour le succès de tout établissement de restauration. L'opinion des clients offre des insights précieux qui peuvent conduire à des améliorations tangibles et augmenter la fidélisation de la clientèle. Voici comment tester, adapter et obtenir des retours de vos clients:

1 - Méthodes de collecte de feedback

01 Sondages sur table : Après le repas, donnez aux clients un court questionnaire pour qu'ils évaluent leur expérience.

02 Boîtes à commentaires : Installez une boîte où les clients peuvent déposer des commentaires ou suggestions anonymes.

03 En ligne : Utilisez des plateformes comme Google My Business, TripAdvisor ou Yelp pour surveiller les avis. Proposez également des sondages en ligne à remplir après une commande.

2 - Organiser des sessions de dégustation

04 Invitez un groupe de clients fidèles ou des influenceurs locaux à tester de nouveaux plats avant leur lancement officiel. Cela peut également servir d'outil promotionnel.

3 - Analyse des retours

05 Tendances générales : Identifiez les commentaires récurrents, qu'ils soient positifs ou négatifs.

06 Critiques spécifiques : Portez une attention particulière aux détails précis que les clients mentionnent, comme la saveur, la température ou la présentation.

4 - Agir en conséquence

07 Si un élément du menu est régulièrement critiqué, envisagez de le retravailler ou de le supprimer. À l'inverse, si un plat est plébiscité, mettez-le davantage en avant.

08 Formez ou informez votre personnel si les retours concernent souvent le service ou l'interaction avec les clients.

5 - Communiquer avec les clients

09 Réponses en ligne :** Répondez de manière professionnelle et courtoise aux avis en ligne, qu'ils soient positifs ou négatifs. Montrez que vous prenez en compte les retours.

10 Mises à jour : Informez les clients des changements que vous avez apportés suite à leurs commentaires, cela renforce la fidélité.

6 - Ajustements périodiques

11 La demande et les préférences des clients peuvent évoluer avec le temps. Il est essentiel de recueillir des retours régulièrement et d'ajuster votre offre en conséquence.

7 - Incentives pour le feedback

12 Encouragez les clients à partager leurs opinions en offrant des remises, des bons ou d'autres incentives pour ceux qui prennent le temps de remplir un sondage ou de laisser un commentaire.

Conclusion

Le feedback des clients est une ressource inestimable pour améliorer constamment votre établissement de kébab. En adoptant une approche proactive et réceptive, vous pouvez affiner votre offre, renforcer la relation avec vos clients et, in fine, garantir le succès à long terme de votre entreprise.

Chapitre 4 :
Aspects Juridiques et Réglementaires

1 - Démarches administratives pour ouvrir un restaurant

Ouvrir un restaurant implique non seulement une passion pour la cuisine et un sens aigu des affaires, mais aussi une compréhension approfondie des démarches administratives nécessaires. Voici un aperçu des étapes à suivre pour ouvrir un restaurant en respectant toutes les formalités légales :

1 - Élaboration d'un business plan

Avant toute démarche administrative, il est conseillé de rédiger un business plan pour avoir une vision claire de votre projet, estimer les coûts et potentiellement solliciter des financements.

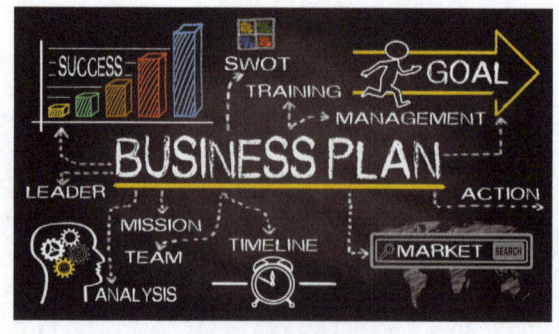

2 - Choix du statut juridique

Selon la taille et la nature de votre restaurant (individuel, partenariat, société), vous devrez choisir une forme juridique : entreprise individuelle, EURL, SARL, SAS, etc.

3 - Immatriculation

Registre du Commerce et des Sociétés (RCS) : Procédez à l'immatriculation de votre établissement pour obtenir un numéro SIRET.

Chambre de Commerce et d'Industrie (CCI) : Inscrivez-vous à la CCI de votre région.

4 - Licences et autorisations

Licence de débit de boissons :** Si vous comptez servir de l'alcool, vous aurez besoin d'une licence. Les types varient selon la nature des boissons servies.

Permis d'exploitation : Formation obligatoire pour tout futur exploitant d'une licence de débit de boissons ou de restaurant.

5 - Normes d'hygiène et de sécurité

Plan de maîtrise sanitaire (PMS) : Il est impératif d'établir un PMS pour assurer le respect des normes d'hygiène.

Formation à l'hygiène : Pour les restaurants, une formation à l'hygiène alimentaire est généralement requise.

6 - Accessibilité

Assurez-vous que votre restaurant respecte les normes d'accessibilité pour les personnes à mobilité réduite (PMR).

7 - Affiliations obligatoires

Inscrivez-vous à la Sécurité sociale pour les indépendants (ex-RSI) ou à l'URSSAF, selon le statut de votre entreprise, pour les cotisations sociales.

8 - Assurance

Souscrivez une assurance responsabilité civile professionnelle, qui est obligatoire pour couvrir les éventuels dommages causés à vos clients ou employés.

9 - Déclaration à la SACEM

Si vous diffusez de la musique dans votre restaurant, vous devez déclarer cela à la SACEM pour régler les droits d'auteur.

10 - Gestion des déchets

Selon votre localité, il peut y avoir des normes spécifiques concernant l'élimination et le recyclage des déchets. Assurez-vous de vous y conformer.

11 - Embauche de personnel

Si vous embauchez du personnel, vous devrez les déclarer, veiller au respect du Code du travail et éventuellement adhérer à une convention collective propre à la restauration.

Conclusion

Ouvrir un restaurant est une aventure passionnante, mais le chemin est semé d'obligations administratives. Prenez le temps de vous informer correctement, et n'hésitez pas à consulter des experts ou des associations professionnelles pour vous guider dans ces démarches. Assurez-vous également de vous tenir informé des éventuels changements législatifs ou réglementaires relatifs au secteur de la restauration.

2 - Licences et permis nécessaires pour ouvrir un restaurant

Pour ouvrir et exploiter un restaurant en toute légalité, plusieurs licences et permis sont nécessaires. Ces derniers sont là pour garantir que votre établissement respecte toutes les normes de sécurité, d'hygiène et autres régulations du secteur de la restauration. Voici un aperçu des licences et permis essentiels :

1 - Licence de débit de boissons

Si vous prévoyez de servir des boissons alcoolisées, l'obtention d'une licence est indispensable. Le type de licence dépend de la nature des boissons :

Licence III : Permet la vente de boissons fermentées non distillées (bière, vin, cidre, etc.) et de boissons alcoolisées à consommer sur place ou à emporter.

Licence IV : Concerne les boissons alcoolisées comme les spiritueux.

2 - Permis d'exploitation

Obligatoire pour tout exploitant (nouveau ou en mutation) d'une licence de débit de boissons ou de restaurant. C'est une formation de 2 à 3 jours qui porte sur les droits et obligations liés à la vente d'alcool.

3 - Licences pour la restauration

Licence restaurant : Permet de vendre des boissons alcoolisées uniquement à table, à l'occasion des principaux repas.

Petite licence restaurant : Autorise la vente de boissons alcoolisées du groupe 1 et 2 (vins, bières, cidres, crèmes, etc.) lors des repas.

4 - Autorisation d'ouverture

Certains établissements, notamment ceux ouverts la nuit, peuvent nécessiter une autorisation spécifique auprès de la mairie ou de la préfecture.

5 - Affiliation à la SACEM

Si vous diffusez de la musique (live ou enregistrée) dans votre restaurant, une licence de diffusion publique est nécessaire pour régler les droits d'auteur.

6 - Formation à l'hygiène alimentaire

Tout restaurateur est tenu de suivre une formation spécifique à l'hygiène alimentaire pour garantir la sécurité des consommateurs.

7 - Permis de construire ou d'aménager

Si des travaux sont nécessaires avant l'ouverture ou pour l'agrandissement du restaurant, il faut généralement obtenir un permis de construire ou d'aménager.

8 - Attestation d'accessibilité

Elle certifie que votre restaurant est conforme aux normes d'accessibilité pour les personnes à mobilité réduite (PMR).

9 - Déclaration en mairie pour les terrasses

Si vous envisagez d'avoir une terrasse ou un espace extérieur pour votre restaurant, une déclaration ou une demande d'autorisation peut être nécessaire auprès de votre mairie.

10 - Enregistrement vidéo-surveillance

Si votre restaurant est équipé de caméras de surveillance, une déclaration à la préfecture et à la CNIL (Commission Nationale de l'Informatique et des Libertés) est souvent requise.

Conclusion

Chaque pays et chaque localité peuvent avoir des exigences spécifiques, il est donc essentiel de se renseigner auprès des autorités locales pour s'assurer de respecter toutes les obligations légales. Se doter d'une bonne connaissance des licences et permis requis vous aidera à éviter des tracas juridiques et à assurer la pérennité de votre restaurant.

3 - Normes d'hygiène et de sécurité pour un restaurant

Le respect des normes d'hygiène et de sécurité est impératif pour tout établissement de restauration. Elles visent à protéger la santé des clients et garantissent que les aliments consommés sont sûrs. De plus, le non-respect de ces normes peut entraîner de lourdes sanctions, voire la fermeture de l'établissement. Voici un aperçu des normes à respecter :

1 - Formation à l'hygiène alimentaire

Au moins une personne dans l'établissement, généralement le gérant ou un chef de cuisine, doit avoir suivi et validé une formation spécifique à l'hygiène alimentaire. Cette formation couvre les bonnes pratiques en matière de manipulation, stockage et préparation des aliments.

2 - Plan de maîtrise sanitaire (PMS)

Au moins une personne dans l'établissement, généralement le gérant ou un chef de cuisine, doit avoir suivi et validé une formation spécifique à l'hygiène alimentaire. Cette formation couvre les bonnes pratiques en matière de manipulation, stockage et préparation des aliments.

Le PMS est un document qui détaille les méthodes et procédures mises en place par le restaurant pour garantir la sécurité alimentaire. Il inclut :

2 - Plan de maîtrise sanitaire (PMS)

Le PMS est un document qui détaille les méthodes et procédures mises en place par le restaurant pour garantir la sécurité alimentaire. Il inclut :

- Les procédures de nettoyage et de désinfection.
- - La gestion des déchets.
- - La traçabilité des produits.
- - Les contrôles réguliers (températures, DLC, etc.).

3 - Traçabilité des produits

Il est essentiel de pouvoir retracer l'origine de chaque produit, de sa source jusqu'à sa consommation. Cette traçabilité permet de réagir rapidement en cas de problème ou de rappel de produits.

4 - Respect de la chaîne du froid

Les températures des réfrigérateurs, congélateurs et zones de stockage doivent être régulièrement vérifiées et consignées. Des thermomètres doivent être présents et fonctionnels.

5 - Sécurité des équipements

Tous les équipements de cuisine (fours, plaques, grills, etc.) doivent être conformes aux normes de sécurité et régulièrement entretenus.

6 - Lutte contre les nuisibles

Des mesures préventives (grilles anti-insectes, fermeture hermétique des stocks, etc.) doivent être mises en place. En cas d'infestation, il est essentiel de faire appel à un professionnel.

7 - Évacuation et traitement des déchets

Les déchets doivent être évacués de manière hygiénique et régulière, en utilisant des poubelles fermées et adaptées. Les huiles de cuisson usagées doivent être collectées par un prestataire spécialisé.

8 - Affichage obligatoire

Selon la réglementation locale, certains éléments doivent être affichés visiblement pour informer les clients : origine des viandes, présence d'allergènes, etc.

9 - Accessibilité et sécurité des locaux

En plus des normes d'hygiène, le restaurant doit respecter les normes de sécurité incendie et d'accessibilité pour les personnes à mobilité réduite (PMR).

10 - Formations et équipements pour le personnel

Le personnel doit être formé aux bonnes pratiques d'hygiène (lavage des mains, port de gants, etc.). Ils doivent également avoir accès à des équipements de protection individuelle (EPI) si nécessaire.

Conclusion

Le respect des normes d'hygiène et de sécurité est fondamental pour garantir la santé des clients et la réputation de l'établissement. Une vigilance constante, des contrôles réguliers et une formation continue du personnel sont nécessaires pour maintenir des standards élevés.

Chapitre 5 : Financement & Budget

1 - Coûts initiaux et investissements pour ouvrir un restaurant

Lors de la création d'un restaurant, une série de coûts initiaux et d'investissements doivent être pris en compte pour assurer le bon démarrage de l'activité. Voici un aperçu des principaux postes de dépenses :

1 - Location ou achat du local

L'emplacement est souvent l'une des principales dépenses lors de la création d'un restaurant. Selon la localisation, le coût de la location ou de l'achat peut varier considérablement.

2 - Rénovation et aménagement

Même un local en bon état nécessitera probablement des travaux pour être transformé en restaurant. Cela inclut l'aménagement de la salle, de la cuisine, des sanitaires et éventuellement d'une terrasse.

3 - Équipements de cuisine

Les fours, plaques de cuisson, réfrigérateurs, congélateurs et autres appareils spécialisés représentent un investissement conséquent. Il est essentiel de privilégier la qualité pour garantir la durabilité et l'efficacité des équipements.

4 - Mobilier et décoration

Les tables, chaises, comptoirs, éclairages et éléments décoratifs doivent être choisis en accord avec le concept et l'ambiance souhaités pour le restaurant.

5 - Licences et permis

Comme mentionné précédemment, plusieurs licences et permis sont nécessaires pour ouvrir un restaurant. Chacun d'eux peut engendrer des coûts, qu'il s'agisse de frais d'obtention, de formation ou de renouvellement.

6 - Stock initial

Les matières premières pour la préparation des plats, ainsi que les boissons, nécessitent un investissement initial pour garantir un fonctionnement fluide dès l'ouverture.

7 - Systèmes de caisse et logiciels

Un système de point de vente (POS) moderne, accompagné d'un logiciel de gestion, est essentiel pour suivre les ventes, gérer les stocks et optimiser les opérations.

8 - Marketing et publicité

Pour faire connaître votre restaurant, un budget doit être alloué à la publicité, que ce soit pour la création d'un site web, des campagnes publicitaires, la signalétique ou les promotions d'ouverture.

9 - Frais administratifs

Cela englobe les coûts liés à la création de l'entreprise, comme les frais d'inscription, les honoraires d'un expert-comptable ou d'un avocat, ainsi que les assurances.

10 - Fonds de roulement

Il est essentiel d'avoir une réserve d'argent pour couvrir les dépenses opérationnelles des premiers mois, période pendant laquelle le restaurant pourrait ne pas générer suffisamment de revenus.

Conclusion

L'ouverture d'un restaurant représente un investissement considérable, tant en termes financiers qu'en temps et en énergie. Une planification rigoureuse, accompagnée d'une étude de marché approfondie, permettra d'anticiper ces coûts et d'assurer la pérennité de l'entreprise.

2 - Recherche de financements : prêts, investisseurs, crowdfunding

Le financement est un élément clé de la réussite d'un restaurant. Étant donné les coûts initiaux élevés et la nécessité de disposer d'un fonds de roulement, trouver des sources de financement fiables est essentiel. Voici quelques options courantes et des conseils pour maximiser vos chances d'obtenir des fonds.

1 - Prêts bancaires

C'est souvent la première option envisagée par les entrepreneurs.

Préparation : Les banques recherchent des preuves de viabilité commerciale. Présentez un business plan solide, des prévisions financières, ainsi qu'une étude de marché.

Garanties : La plupart des prêts nécessiteront une forme de garantie, qu'il s'agisse de biens personnels ou d'actifs commerciaux.

Taux et conditions : Comparez les offres de différentes banques pour obtenir les meilleures conditions.

2 - Investisseurs privés ou business angels

Ce sont des individus fortunés qui investissent personnellement dans des startups ou des entreprises en phase de démarrage.

Avantages : Outre l'argent, ils peuvent apporter leur expertise, leurs réseaux et leur expérience.

Inconvénients : En échange de leur investissement, ils demanderont souvent une part de votre entreprise.

3 - Capital-risque

Les entreprises de capital-risque sont spécialisées dans les investissements de haut risque avec un potentiel de rendement élevé.

Convient pour : Les concepts de restaurants innovants ou ceux qui visent une expansion rapide et importante.

Conditions : En échange de leur investissement, elles demanderont une participation significative dans votre entreprise.

4 - Crowdfunding ou financement participatif

Des plateformes comme Kickstarter ou GoFundMe permettent de présenter votre projet à la communauté et de solliciter des dons ou des investissements.

Avantages : C'est une excellente manière de tester l'intérêt du marché pour votre concept et de bénéficier d'une publicité gratuite.

Inconvénients : Si vous ne parvenez pas à atteindre votre objectif de financement, vous pourriez ne pas recevoir d'argent du tout, selon la plateforme.

5 - Subventions et aides gouvernementales

De nombreux gouvernements offrent des subventions, des allégements fiscaux ou des prêts à faible taux d'intérêt pour encourager l'entrepreneuriat.

Avantages : Ces fonds ne nécessitent généralement pas de remboursement.

Inconvénients : Le processus d'application peut être long et concurrentiel.

6 - Partenariats

Envisagez de vous associer à d'autres entrepreneurs ou entreprises pour partager les coûts et les ressources.

Avantages : Partage des coûts, des responsabilités et des ressources.

Inconvénients : Les bénéfices doivent également être partagés, et il est essentiel d'avoir une bonne entente et des accords clairs.

Conclusion

Chaque source de financement a ses propres avantages, inconvénients et exigences. Il est essentiel de bien comprendre ces éléments et de choisir la ou les options les plus adaptées à votre situation et à votre vision. Une préparation minutieuse, un business plan solide et une présentation convaincante augmenteront vos chances d'obtenir le financement nécessaire.

3 - Gestion budgétaire et prévisionnelle pour un restaurant

La gestion budgétaire et prévisionnelle est au cœur de la viabilité et de la pérennité de tout établissement de restauration. Il s'agit de l'art d'anticiper les flux financiers à venir, d'ajuster les dépenses en conséquence et de s'assurer que l'entreprise reste rentable. Voici quelques éléments essentiels à considérer dans cette démarche :

1 - Établir un budget prévisionnel

Il s'agit d'une projection des recettes et des dépenses pour une période donnée (généralement une année).

Recettes : Basez-vous sur l'historique de ventes (si disponible), les périodes d'affluence, les événements locaux et les promotions prévues.

Dépenses : Incluez les coûts fixes (loyer, salaires, remboursements d'emprunts) et les coûts variables (achats alimentaires, électricité, marketing).

2 - Suivi régulier

Comparez mensuellement ou trimestriellement les prévisions avec les chiffres réels. Cette comparaison permet d'identifier rapidement les écarts et d'ajuster le tir en conséquence.

3 - Gestion de la trésorerie

C'est l'une des principales raisons d'échec des restaurants. Une bonne gestion garantit que vous avez toujours suffisamment de liquidités pour couvrir vos dépenses, même pendant les périodes creuses.

4 - Marges et coûts des plats

Analysez régulièrement la rentabilité de chaque plat. Assurez-vous que les prix reflètent les coûts des matières premières, la main-d'œuvre et les autres dépenses indirectes.

5 - Réduire les pertes et le gaspillage

Mettez en place un système pour suivre les pertes, que ce soit en termes d'aliments jetés, de repas retournés ou de réservations annulées. Prenez des mesures pour minimiser ces pertes.

6 - Révision des fournisseurs

Revisitez régulièrement vos contrats avec les fournisseurs. Peut-être y a-t-il moyen de négocier de meilleurs prix, de trouver de meilleurs produits ou d'ajuster les quantités commandées.

7 - Anticiper les périodes creuses

Tous les restaurants connaissent des périodes plus calmes. Planifiez des promotions, des événements ou des offres spéciales pour attirer les clients pendant ces périodes.

8 - Investissements et développement

Réinvestissez une partie de vos bénéfices dans l'entreprise. Que ce soit pour rénover, acheter de nouveaux équipements, lancer une campagne marketing ou ouvrir un nouveau site, ces investissements doivent être soigneusement planifiés et budgétisés.

9- Plan de secours

Ayez toujours un plan B en cas de changements imprévus, comme une hausse soudaine des prix des matières premières, une panne d'équipement ou une crise sanitaire.

Conclusion

La gestion budgétaire et prévisionnelle est une tâche continue et essentielle pour tout restaurateur. Elle nécessite une attention constante, une réactivité face aux imprévus et une capacité à anticiper les tendances et les besoins futurs. Grâce à une gestion rigoureuse, vous serez mieux préparé à faire face aux défis et à saisir les opportunités, assurant ainsi la prospérité de votre établissement.

Chapitre 6 : Comment choisir ses fournisseurs pour un restaurant ?

1 - Comment choisir ses fournisseurs pour un restaurant ?

La qualité de votre restaurant dépend en grande partie de celle de vos fournisseurs. Des ingrédients frais et de qualité, un matériel fiable, ainsi que des services professionnels contribuent tous à la réussite de votre établissement. Il est donc primordial de bien choisir ses fournisseurs. Voici des étapes et des critères à prendre en compte lors de cette sélection :

1 - Identification des besoins

Avant de rechercher des fournisseurs, définissez précisément vos besoins.

Types d'ingrédients : Bio, locaux, exotiques, spécialisés, etc.

Quantités : Estimez vos besoins réguliers et occasionnels.

Équipement : Cuisine, mobilier, système de caisse, etc.

2 - Recherche initiale

Commencez par une liste de fournisseurs potentiels.

Réseau professionnel : Demandez des recommandations à d'autres restaurateurs, chefs ou associations professionnelles.

Salons et foires : Participez à des événements dédiés à la restauration pour découvrir de nouveaux fournisseurs.

Internet : Utilisez des annuaires professionnels et des forums spécialisés.

3 - Évaluer la réputation

Témoignages : Parlez à d'autres restaurateurs qui travaillent avec ces fournisseurs.

Avis en ligne : Consultez les forums professionnels et les sites de critiques.

4 - Qualité des produits ou services

Demandez des échantillons ou effectuez des tests.

Goût et apparence : Vérifiez la qualité gustative des produits alimentaires.

Durabilité : Pour l'équipement, la fiabilité et la durée de vie sont cruciales.

5 - Conditions commerciales

Prix : Assurez-vous que les tarifs correspondent à votre structure de coûts.

Conditions de paiement : Examinez les délais, les remises possibles ou les pénalités.

Flexibilité : Vérifiez si le fournisseur peut répondre à des demandes spéciales ou urgentes.

6 - Fiabilité de livraison

Délais : Une livraison ponctuelle est essentielle pour la continuité de votre service.

Conditionnement : Assurez-vous que les produits sont bien protégés et conservés lors de la livraison.

Fréquence : Selon vos besoins, vous pourriez avoir besoin de livraisons régulières ou à la demande.

7 - Communication et service client

Réactivité : Vous devriez pouvoir contacter votre fournisseur facilement en cas de besoin.

Proactivité : Idéalement, un fournisseur vous informera des nouveautés, des changements de prix ou des ruptures de stock à venir.

8 - Éthique et valeurs

Si cela est important pour vous et votre clientèle, renseignez-vous sur :

Pratiques environnementales : Utilisation de produits biologiques, emballages éco-responsables, etc.

Conditions de travail : Assurez-vous que le fournisseur respecte des conditions de travail éthiques.

9 - Négociez

N'hésitez pas à négocier les prix, les délais de livraison ou les conditions de paiement, surtout si vous prévoyez d'avoir un volume d'achat significatif.

Conclusion

Choisir un fournisseur est une décision stratégique qui a des répercussions sur la qualité de votre offre, votre rentabilité et votre image de marque. Prenez le temps de bien évaluer chaque option, et n'hésitez pas à revoir vos choix si un fournisseur ne répond plus à vos attentes. La relation avec vos fournisseurs est basée sur la confiance mutuelle : entretenez-la pour assurer la réussite de votre restaurant.

2 - Négociation et relations à long terme avec les fournisseurs

La relation avec vos fournisseurs va bien au-delà d'une simple transaction commerciale. C'est un partenariat essentiel qui peut grandement influencer le succès de votre restaurant. Une négociation habile, suivie d'une relation durable et de confiance, apportera une valeur ajoutée à votre entreprise. Voici comment procéder pour établir une relation mutuellement bénéfique.

1 - Préparation à la négociation

Avant de négocier, il faut se préparer.

Définissez vos priorités : Qu'est-ce qui est le plus important pour vous? Prix, qualité, délai de livraison, flexibilité?

Renseignez-vous : Connaissez le marché, les prix moyens, les tendances et ce que proposent d'autres fournisseurs.

Soyez clair sur votre budget : Connaissez vos limites financières avant d'entrer dans la négociation.

2 - Pendant la négociation

Soyez ouvert mais ferme : L'objectif est de trouver un terrain d'entente qui bénéficie à chaque partie.

Écoutez : Comprendre les besoins et les contraintes du fournisseur vous donnera un avantage dans la négociation.

Ne vous concentrez pas uniquement sur le prix : Pensez aux autres éléments comme les délais de paiement, la qualité, la fréquence de livraison, etc.

Établissez un partenariat : Montrez au fournisseur que vous voyez la relation comme un partenariat à long terme. Cela peut les inciter à vous offrir de meilleures conditions.

3 - Maintenir la relation

Communication régulière : Ne contactez pas vos fournisseurs uniquement quand il y a un problème. Une communication régulière renforce la confiance mutuelle.

Feedback honnête : Si vous êtes satisfait du service, faites-le savoir. De même, si des problèmes se posent, discutez-en ouvertement pour trouver une solution.

Paiements ponctuels : Respectez vos engagements financiers. Un paiement à temps renforce la confiance et peut vous donner un avantage lors de futures négociations.

4 - Renégocier périodiquement

Révision annuelle : Les marchés, les besoins et les coûts évoluent. Prenez le temps chaque année de revoir les termes de vos accords.

Soyez à l'affût des innovations : Votre fournisseur peut introduire de nouveaux produits ou services qui pourraient bénéficier à votre restaurant.

5 - Fidélité et avantages

Des commandes régulières et prévisibles : Si vous pouvez garantir un volume d'achat constant, cela pourrait vous donner un pouvoir de négociation.

-Faites des recommandations : Si vous êtes satisfait d'un fournisseur, recommandez-le à d'autres. Ils pourraient vous offrir des rabais ou d'autres avantages en guise de remerciement.

6 - Soyez prêt à diversifier

> Même si vous entretenez une excellente relation avec un fournisseur, avoir des alternatives en réserve est sage. Cela vous donne une certaine flexibilité en cas de problèmes inattendus et peut également renforcer votre position lors des négociations.

Conclusion

Une relation solide et durable avec vos fournisseurs est un élément essentiel de la réussite de votre restaurant. Cela garantit un approvisionnement régulier de produits de qualité, des prix compétitifs et une flexibilité lors des périodes difficiles. En investissant du temps et de l'énergie dans la négociation et l'entretien de ces relations, vous posez les bases d'un partenariat profitable pour les deux parties.

3 - Gestion des stocks pour un restaurant

La gestion des stocks est l'un des aspects les plus cruciaux de la gestion d'un restaurant. Une gestion adéquate des stocks permet de minimiser les pertes, d'optimiser les coûts, d'éviter les ruptures de stock et de garantir la fraîcheur des produits servis à vos clients. Voici un guide sur la manière de gérer efficacement vos stocks :

1 - Inventaire régulier

01 Planification : Réalisez un inventaire à intervalles réguliers, que ce soit hebdomadaire, bihebdomadaire ou mensuel.

02 Organisation : Utilisez des fiches ou des logiciels de gestion pour enregistrer les quantités d'ingrédients en stock.

03 Rotations : Pratiquez le système PEPS (Premier Entré, Premier Sorti) pour éviter la péremption des produits.

2 - Estimation des besoins

04 Historique des ventes : Basez-vous sur vos ventes passées pour prévoir vos besoins futurs.

05 Événements spéciaux : Prenez en compte les jours de grande affluence ou les événements qui pourraient influencer vos ventes.

3 - Commandes optimisées

06 Quantités adaptées : Commandez en fonction de vos besoins réels pour éviter les surplus.

07 Fréquence : Adaptez la fréquence de vos commandes à la durée de vie de vos produits.

08 Relations fournisseurs : Négociez des délais de livraison flexibles pour répondre aux demandes imprévues.

4 - Stockage approprié

09 Espaces dédiés : Organisez votre espace de stockage par type d'ingrédient et par date de péremption.

10 Conditions optimales : Respectez les températures et les conditions d'humidité recommandées pour chaque produit.

5 - Minimisation du gaspillage

11 Formation du personnel : Formez votre équipe à utiliser les ingrédients de manière judicieuse et à éviter le gaspillage.

12 Surveillance : Gardez un œil sur les produits qui approchent de leur date de péremption pour les utiliser en priorité.

13 Réutilisation : Envisagez des recettes qui permettent d'utiliser les restes ou les produits en fin de vie.

6 - Utilisation de la technologie

14 Logiciels spécialisés : Adoptez des systèmes de gestion des stocks pour suivre en temps réel vos inventaires, vos commandes et vos ventes.

15 Alertes automatiques : Configurez des notifications pour vous informer en cas de faibles stocks ou de dates de péremption proches.

7 - Évaluation et ajustement

16 Analyse des tendances : Étudiez vos ventes et votre consommation pour ajuster vos commandes et vos menus.

17 Retours clients : Prenez en compte les retours de vos clients concernant la fraîcheur et la qualité des plats pour ajuster vos stocks.

8 - Prévention des vols

18 Sécurité : Mettez en place des systèmes de sécurité dans vos zones de stockage.

19 Transparence : Encouragez un environnement où le personnel est responsable et respectueux des ressources du restaurant.

Conclusion

Une gestion efficace des stocks est essentielle pour maximiser les profits, garantir la qualité des plats et promouvoir une exploitation durable de votre restaurant. En investissant du temps et en mettant en place des processus rigoureux, vous serez en mesure de répondre aux attentes de vos clients tout en optimisant vos ressources.

Chapitre 7 : Marketing & Publicité

1 - Stratégies de marketing digital pour un restaurant

Dans le monde d'aujourd'hui, la présence en ligne est devenue essentielle pour toute entreprise, y compris les restaurants. Le marketing digital offre de nouvelles opportunités pour attirer des clients, renforcer la fidélité et accroître la visibilité. Voici quelques stratégies pour tirer le meilleur parti du marketing digital pour votre restaurant :

Site Web optimisé — 01

Design professionnel : Assurez-vous d'avoir un site web esthétique, intuitif et adapté aux mobiles.

Contenu pertinent : Présentez votre menu, vos horaires, vos coordonnées et éventuellement une visite virtuelle de votre établissement.

SEO (Search Engine Optimization) : Optimizez votre site pour les moteurs de recherche afin d'augmenter votre visibilité en ligne.

Réseaux sociaux — 02

Plateformes appropriées : Identifiez où se trouve votre public cible (Facebook, Instagram, Twitter, etc.).

Contenu engageant : Publiez régulièrement des photos alléchantes de vos plats, des événements spéciaux et des promotions.

Interactivité : Répondez aux commentaires, partagez les publications des clients et créez une communauté autour de votre marque.

Email Marketing — 03

Newsletter : Proposez à vos clients de s'inscrire pour recevoir des nouvelles, des offres spéciales et des événements à venir.

Segmentation : Adaptez votre contenu en fonction des préférences de vos abonnés pour des campagnes plus ciblées.

Fréquence équilibrée : Evitez de surcharger la boîte de réception de vos abonnés.

1 - Stratégies de marketing digital pour un restaurant

04

Publicité en ligne

Publicités payantes : Utilisez Google Ads ou des publicités Facebook pour cibler un public spécifique et accroître votre visibilité.

Retargeting : Reciblez les visiteurs qui ont montré un intérêt pour votre restaurant mais n'ont pas effectué de réservation.

05

Gestion des avis en ligne

Encouragez les avis : Incitez vos clients satisfaits à laisser un avis positif sur des plateformes comme TripAdvisor, Google My Business ou Yelp.

Répondez aux avis : Qu'ils soient positifs ou négatifs, montrez que vous prenez en compte les retours de vos clients.

06

Marketing d'influence

Collaborations : Partenariat avec des influenceurs locaux pour promouvoir votre restaurant à une audience plus large.

Événements spéciaux : Organisez des soirées ou des dégustations exclusives pour les influenceurs et leurs abonnés.

07

Fidélisation en ligne

Programmes de fidélité : Créez un programme de récompenses pour encourager les clients à revenir.

Offres exclusives : Proposez des remises ou des offres spéciales aux abonnés de votre newsletter ou à vos followers sur les réseaux sociaux.

1 - Stratégies de marketing digital pour un restaurant

08

Analytics

Mesurez vos performances : Utilisez des outils comme Google Analytics pour suivre le trafic de votre site et évaluer l'efficacité de vos campagnes.

Ajustements : Adaptez vos stratégies en fonction des données pour améliorer continuellement vos résultats.

Conclusion

Le marketing digital offre une multitude d'opportunités pour les restaurants souhaitant accroître leur visibilité et fidéliser leur clientèle. En combinant différentes stratégies et en restant à l'écoute des tendances, vous pourrez optimiser votre présence en ligne et attirer davantage de clients vers votre établissement.

2 - La puissance des médias sociaux pour un restaurant

À l'ère du numérique, les médias sociaux sont devenus un outil incontournable pour les entreprises, et les restaurants ne font pas exception. Ils offrent une plateforme où les marques peuvent interagir directement avec leur clientèle, promouvoir leur offre et bâtir une communauté loyale. Voici une exploration de la puissance des médias sociaux pour un restaurant :

01 - Visibilité et portée accrues

Audience mondiale : Les médias sociaux permettent aux restaurants d'atteindre des personnes bien au-delà de leur localisation géographique.

Partage virale : Un seul post, s'il est bien reçu, peut être partagé et devenir viral, atteignant des milliers, voire des millions de personnes.

02 - Interaction directe avec la clientèle

Feedback instantané : Les clients peuvent laisser des commentaires, des critiques ou des questions, offrant une opportunité immédiate de réponse.

Renforcement de la relation client : Les interactions constantes aident à construire une relation de confiance et de proximité avec les clients.

03 - Promotion et publicité ciblée

Segmentation : Les plateformes comme Facebook et Instagram permettent de cibler des annonces basées sur les préférences, la démographie et le comportement des utilisateurs.

Coût-efficacité : La publicité sur les médias sociaux est généralement moins coûteuse que les formes traditionnelles de publicité tout en ayant une portée importante.

2 - La puissance des médias sociaux pour un restaurant

04

Création de contenu engageant

Contenu visuel : Des photos et vidéos de haute qualité de vos plats peuvent attirer l'attention et stimuler l'appétit des utilisateurs.

Récits et histoires : Le storytelling, que ce soit à travers des publications ou des stories, peut aider à mettre en valeur l'histoire de votre restaurant et la passion derrière chaque plat.

05

Monitoring et veille

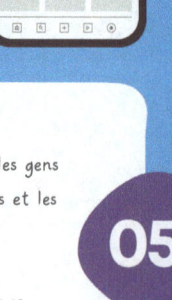

Écoute sociale : Les médias sociaux permettent de surveiller ce que les gens disent sur votre restaurant, vous aidant à comprendre les tendances et les opinions.

Gestion de réputation : Une réponse rapide et appropriée aux critiques négatives peut aider à atténuer les dommages et à montrer que vous prenez les préoccupations des clients au sérieux.

06

Collaborations et partenariats

Influenceurs : Travailler avec des influenceurs locaux ou pertinents peut augmenter la notoriété et l'authenticité de votre restaurant.

Entreprises locales : Les partenariats avec d'autres entreprises locales peuvent créer des opportunités de cross-promotion et d'événements communs.

07

Offres exclusives

Promotions : Offrir des remises ou des promotions exclusives à vos abonnés sur les réseaux sociaux peut augmenter l'engagement et la fidélité.

Événements spéciaux : Les lancements de nouveaux plats ou les événements à thème peuvent être annoncés et promus efficacement via les médias sociaux.

2 - La puissance des médias sociaux pour un restaurant

Conclusion

Les médias sociaux sont une force puissante dans le paysage actuel du marketing. Pour un restaurant, ils peuvent transformer la manière dont les clients perçoivent la marque, interagissent avec elle et finalement, choisissent de la soutenir. En exploitant cette puissance de manière stratégique, les restaurants peuvent non seulement survivre mais prospérer dans un marché de plus en plus compétitif.

3 - Fidélisation de la clientèle : programmes et promotions

Le succès à long terme d'un restaurant ne dépend pas seulement de la capacité à attirer de nouveaux clients, mais aussi de la capacité à les retenir. Fidéliser un client coûte en général moins cher que d'en acquérir un nouveau et peut offrir une source de revenus plus stable. Voici comment vous pouvez renforcer la fidélité de votre clientèle grâce à des programmes et des promotions adaptés :

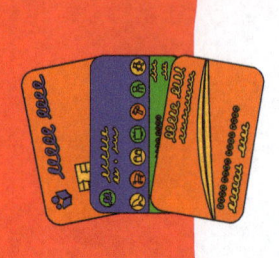

01 — Programmes de fidélité

Cartes de fidélité : Offrez une carte qui propose, par exemple, une remise ou un produit offert après un certain nombre d'achats.

Programmes numériques : Avec l'évolution technologique, de nombreux restaurants adoptent des applications qui suivent les achats des clients et offrent des récompenses en conséquence.

Niveaux d'adhésion : Pour les clients les plus loyaux, proposez des niveaux d'adhésion supérieurs avec des avantages exclusifs.

02 — Offres exclusives pour les membres

Accès anticipé : Donnez à vos membres fidèles un accès en avant-première à de nouveaux plats ou à des événements spéciaux.

Offres spéciales : Proposez des remises ou des produits offerts uniquement pour les membres de votre programme de fidélité.

03 — Promotions ciblées

Jours spéciaux : Proposez des réductions ou des offres spéciales certains jours de la semaine pour booster la fréquentation pendant les creux.

Saisonnalité : Adaptez vos promotions selon les saisons : par exemple, une offre sur les boissons froides en été ou une soupe offerte en hiver.

2 - La puissance des médias sociaux pour un restaurant

04 — Événements thématiques

Soirées à thème : Organisez des soirées autour d'un thème ou d'une cuisine spécifique pour attirer et retenir la clientèle.

Ateliers et cours : Proposez par exemple des cours de cuisine pour permettre aux clients d'apprendre et d'interagir d'une manière différente avec votre restaurant.

05 — Communication régulière

Newsletter : Informez vos clients fidèles des dernières actualités, offres et événements à venir.

Feedback : Sollicitez régulièrement des retours de vos clients et montrez que vous prenez en compte leurs suggestions pour amélioration.

06 — Célébrez les occasions spéciales

Anniversaires : Offrez une remise ou un produit gratuit pour l'anniversaire de vos clients.

Jours fériés et événements locaux : Adaptez vos promotions et offres selon les occasions et les festivités locales.

07 — Excellent service client

Formation du personnel : Assurez-vous que votre personnel est formé pour offrir le meilleur service possible.

Gestes d'attention : Parfois, un simple geste comme offrir un café ou un dessert peut faire la différence dans la perception du client.

2 - La puissance des médias sociaux pour un restaurant

Conclusion

Fidéliser la clientèle est essentiel dans le monde compétitif de la restauration. En combinant une excellente expérience client avec des promotions et des programmes de fidélité bien pensés, vous pouvez non seulement encourager les clients à revenir, mais aussi à devenir de véritables ambassadeurs de votre marque, recommandant votre restaurant à leur entourage.

Chapitre 8 : Gestion du Personnel

1 - Recrutement et formation : Clés du succès d'un restaurant

La réussite d'un restaurant ne dépend pas seulement de sa cuisine ou de son emplacement, mais aussi des personnes qui travaillent derrière le comptoir et en salle. La sélection, le recrutement et la formation de votre personnel sont essentiels pour assurer une expérience client de qualité. Voici quelques conseils pour mener à bien ces étapes cruciales :

1 - Définir les besoins

Identifier les postes : Déterminez les postes essentiels pour votre restaurant, tels que chef, serveur, plongeur, manager, etc.

Établir un profil : Pour chaque poste, listez les compétences, l'expérience et les qualités personnelles nécessaires.

2 - Processus de recrutement

Annonces d'emploi : Rédigez des annonces claires et précises, en indiquant les responsabilités, les qualifications requises et les avantages offerts.

Entretiens : Préparez une liste de questions pertinentes pour évaluer les compétences techniques et interpersonnelles des candidats.

Vérifications : Assurez-vous de vérifier les références et les antécédents des candidats pour éviter de mauvaises surprises.

3 - Formation initiale

Orientation : Présentez aux nouveaux employés la culture, la mission et la vision de votre restaurant.

Formation technique : Que ce soit en cuisine, au service ou en caisse, assurez-vous que votre équipe maîtrise les outils et les techniques nécessaires à son poste.

Service client : Mettez l'accent sur l'importance d'un excellent service client, en enseignant les bonnes pratiques et les astuces pour gérer les situations délicates.

4 - Formation continue

Mises à jour : Avec l'évolution des menus, des techniques ou des technologies, offrez des sessions de formation régulières.

Retours et évaluations : Organisez des entretiens individuels pour discuter des performances, identifier les domaines d'amélioration et encourager la progression.

5 - Renforcer l'esprit d'équipe

Team building : Organisez des activités en dehors du travail pour renforcer les liens entre les membres de votre équipe.

Reconnaissance : Valorisez les efforts et les réalisations de vos employés, que ce soit par des compliments, des bonus ou des promotions.

6 - Gestion des conflits

Communication : Encouragez une communication ouverte et honnête pour prévenir ou résoudre les conflits.

-Médiation : Dans les situations tendues, jouez le rôle de médiateur pour trouver un terrain d'entente et assurer une ambiance de travail sereine.

Conclusion

Un personnel bien recruté et correctement formé est l'un des plus grands atouts d'un restaurant. En investissant du temps et des ressources dans le recrutement et la formation, vous assurez non seulement le bon fonctionnement quotidien de votre établissement, mais aussi la satisfaction et la fidélité de vos clients.

2 - Gestion des salaires et des avantages : Investir dans son équipe

La gestion des salaires et des avantages est un élément essentiel dans la gestion d'un restaurant. Elle influence non seulement la satisfaction et la motivation des employés, mais aussi la réputation de l'établissement et sa capacité à attirer et retenir les meilleurs talents. Voici des points à considérer pour une gestion équilibrée et efficace :

1 - Connaissance du marché

Benchmarks : Étudiez les salaires et avantages offerts par d'autres établissements similaires dans votre région pour rester compétitif.

Évolutions sectorielles : Soyez au courant des tendances et des évolutions du secteur pour anticiper les ajustements nécessaires.

2 - Établissement d'une grille salariale

Classification des postes : Établissez des catégories de postes en fonction des responsabilités, compétences et expériences requises.

Transparence : Assurez-vous que la grille salariale est claire et compréhensible pour tous les employés.

3 - Avantages non financiers

Flexibilité : Proposez des horaires flexibles ou des possibilités de temps partiel pour répondre aux besoins de votre équipe.

Formation : Offrez des opportunités de formation continue pour permettre à vos employés de se développer professionnellement.

Repas offerts : Mettez en place un système de repas du personnel, ce qui peut être un avantage apprécié.

4 - Bonus et incitatifs

Performance : Mettez en place des bonus liés à la performance pour encourager la productivité et récompenser les efforts exceptionnels.

Partage des pourboires : Établissez des règles claires pour le partage des pourboires, en veillant à ce qu'il soit équitable.

5 - Avantages sociaux

Santé : Considérez la possibilité d'offrir une mutuelle ou une assurance santé pour vos employés.

Retraite : Renseignez-vous sur les dispositifs de retraite complémentaire et considérez la possibilité d'y contribuer.

6 - Revues régulières

Évaluations annuelles : Organisez des entretiens individuels pour discuter des performances, des attentes salariales et des éventuels ajustements.

Feedback : Encouragez une communication ouverte avec vos employés sur les sujets liés aux salaires et avantages, pour déceler et adresser rapidement toute insatisfaction.

7 - Conformité légale

Lois et réglementations : Assurez-vous de toujours respecter les lois en vigueur concernant les salaires minimums, les heures supplémentaires, etc.

Documentation : Tenez à jour tous les documents relatifs à la rémunération et aux avantages pour assurer une traçabilité en cas de contrôle.

Conclusion

La gestion des salaires et avantages ne se limite pas à une simple transaction financière. C'est un investissement dans le bien-être et la motivation de votre équipe, et par conséquent, dans le succès de votre restaurant. Une approche juste, compétitive et transparente renforcera la fidélité et l'engagement de vos employés, tout en améliorant la qualité du service offert à vos clients.

3 - Cultiver une culture d'entreprise positive : Le cœur d'un restaurant prospère

Au-delà de la qualité des plats et du service, la culture d'entreprise est un élément fondamental du succès d'un restaurant. Une culture positive favorise la motivation des employés, renforce la fidélité des clients et forge l'identité unique de l'établissement. Voici comment cultiver et entretenir cette culture :

1 - Définir la vision et les valeurs

Mission claire : Chaque employé doit comprendre et partager la raison d'être de votre restaurant. Quelle expérience souhaitez-vous offrir à vos clients ?

Valeurs fondamentales : Établissez des principes clés qui guident votre entreprise, qu'il s'agisse d'excellence, d'intégrité, de durabilité ou de toute autre valeur.

2 - Communication ouverte

Échanges réguliers : Favorisez une communication bidirectionnelle, où les employés se sentent libres d'exprimer leurs opinions, préoccupations ou idées.

Réunions d'équipe : Organisez des rencontres régulières pour discuter des actualités, des défis et des succès de l'établissement.

3 - Formation et développement

Investissement dans le personnel : Montrez à vos employés que vous valorisez leur croissance en offrant des opportunités de formation et de progression.

Mentorat : Encouragez les membres expérimentés de l'équipe à guider et conseiller les nouveaux arrivants.

4 - Reconnaissance et récompense

Valorisez les efforts : Soulignez les réussites, grandes ou petites, et remerciez régulièrement votre équipe pour son dévouement.

Systèmes d'incitation : Mettez en place des programmes de reconnaissance ou des bonus pour encourager l'excellence.

5 - Environnement de travail

Espaces de travail agréables : Assurez-vous que la cuisine, la salle et les zones de repos sont propres, sécurisées et bien équipées.

Équilibre vie professionnelle/vie privée : Respectez les temps de repos de vos employés et encouragez un équilibre sain entre travail et loisirs.

6 - Activités d'équipe

Événements sociaux : Organisez des sorties, des repas ou d'autres événements pour renforcer les liens entre les membres de l'équipe.

Engagement communautaire : Impliquez votre restaurant dans des initiatives locales, qu'il s'agisse de charité, d'événements culturels ou d'actions environnementales.

7 - Gestion des conflits

Résolution proactive : Abordez les conflits dès leur apparition, avec écoute et médiation, pour éviter qu'ils ne s'enveniment.

Formation à la gestion de conflits : Équipez votre équipe des outils nécessaires pour gérer les désaccords de manière constructive.

Conclusion

Une culture d'entreprise positive est le reflet de l'âme d'un restaurant. Elle influence la manière dont les employés interagissent entre eux, servent les clients et perçoivent leur rôle au sein de l'établissement. En investissant dans la culture de votre entreprise, vous créez un environnement où les employés se sentent valorisés, motivés et fiers de leur contribution, conduisant ainsi à une meilleure expérience pour vos clients.

Chapitre 9 : Analyse Financière

1 - Combien un kébab peut-il vraiment rapporter ? Une réalité financière détaillée

Parler du potentiel financier d'un restaurant de kébabs nécessite une analyse approfondie des divers facteurs qui influencent les revenus et les dépenses. Il est essentiel de comprendre que, bien que le secteur de la restauration rapide puisse offrir d'excellentes opportunités, les bénéfices varient en fonction de plusieurs éléments. Explorons ensemble cette réalité financière.

COMBIEN UN KÉBAB PEUT-IL VRAIMENT RAPPORTER ? UNE RÉALITÉ FINANCIÈRE DÉTAILLÉE

1 - REVENUS POTENTIELS

VENTE QUOTIDIENNE : LES REVENUS DÉPENDENT DU NOMBRE DE CLIENTS PAR JOUR, DU TICKET MOYEN ET DE LA FRÉQUENCE DE LEURS VISITES.

VENTES ANNEXES : BOISSONS, DESSERTS OU AUTRES ACCOMPAGNEMENTS PEUVENT AUGMENTER SIGNIFICATIVEMENT LE CHIFFRE D'AFFAIRES.

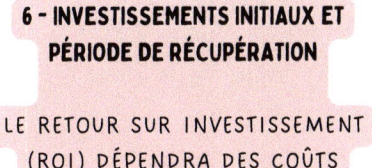

2 - COÛTS D'EXPLOITATION

COÛTS FIXES : LOYER, SALAIRES, PRÊTS, ASSURANCES, LICENCES, ETC.

COÛTS VARIABLES : APPROVISIONNEMENT EN INGRÉDIENTS, FRAIS D'ÉLECTRICITÉ ET D'EAU, MARKETING, MAINTENANCE, ETC.

3 - MARGES

LA MARGE BÉNÉFICIAIRE DÉPENDRA DE VOTRE CAPACITÉ À OPTIMISER VOS COÛTS ET À MAXIMISER VOS REVENUS. DANS LA RESTAURATION RAPIDE, CETTE MARGE PEUT VARIER, MAIS UN RESTAURANT DE KÉBABS BIEN GÉRÉ POURRAIT VISER UNE MARGE NETTE DE 10 À 20%.

4 - FACTEURS D'INFLUENCE

EMPLACEMENT : UN RESTAURANT SITUÉ DANS UNE ZONE À FORTE CIRCULATION OU À PROXIMITÉ DE BUREAUX PEUT BÉNÉFICIER D'UNE CLIENTÈLE RÉGULIÈRE.

SAISONNALITÉ : LES MOIS D'ÉTÉ OU LES PÉRIODES DE FÊTES PEUVENT INFLUENCER LA FRÉQUENTATION.

CONCURRENCE : LA PRÉSENCE DE CONCURRENTS SIMILAIRES À PROXIMITÉ PEUT AFFECTER LES VENTES.

6 - INVESTISSEMENTS INITIAUX ET PÉRIODE DE RÉCUPÉRATION

LE RETOUR SUR INVESTISSEMENT (ROI) DÉPENDRA DES COÛTS INITIAUX ENGAGÉS (AMÉNAGEMENT, ÉQUIPEMENTS, ETC.) ET DE LA VITESSE À LAQUELLE LE RESTAURANT DEVIENT RENTABLE.

COMBIEN UN KÉBAB PEUT-IL VRAIMENT RAPPORTER ? UNE RÉALITÉ FINANCIÈRE DÉTAILLÉE

1 - OPPORTUNITÉS D'AUGMENTATION DES REVENUS

OFFRES SPÉCIALES : LES PROMOTIONS PEUVENT ATTIRER DAVANTAGE DE CLIENTS.

PROGRAMMES DE FIDÉLITÉ : ENCOURAGER LES CLIENTS À REVENIR GRÂCE À DES RÉDUCTIONS OU DES OFFRES SPÉCIALES POUR LES HABITUÉS.

LIVRAISON À DOMICILE : L'EXPANSION VERS DES SERVICES DE LIVRAISON PEUT OUVRIR UN NOUVEAU FLUX DE REVENUS.

7 - GESTION FINANCIÈRE SOLIDE

SUIVI RÉGULIER : UTILISEZ DES OUTILS DE COMPTABILITÉ POUR SURVEILLER RÉGULIÈREMENT VOS FINANCES.

RÉDUCTION DES DÉCHETS : MINIMISER LES PERTES EN GÉRANT EFFICACEMENT LES STOCKS ET LES PORTIONS.

NÉGOCIATIONS AVEC LES FOURNISSEURS : OBTENIR LES MEILLEURS PRIX POUR LES INGRÉDIENTS SANS COMPROMETTRE LA QUALITÉ.

Conclusion

Le potentiel de revenu d'un restaurant de kébabs est influencé par une multitude de facteurs, allant de l'emplacement à la gestion quotidienne. Si le secteur de la restauration est notoirement compétitif, avec une planification judicieuse, une gestion rigoureuse et un sens aigu des affaires, un restaurant de kébabs peut s'avérer être une entreprise lucrative. Cependant, il est crucial d'entrer dans ce domaine avec une compréhension réaliste des défis et des opportunités qu'il présente.

2 - Études de cas : success stories et leçons tirées des échecs

L'analyse des réussites et des échecs dans l'industrie du kébab offre des enseignements précieux. Ces études de cas mettent en lumière les stratégies qui ont fonctionné, les pièges à éviter et les éléments clés à considérer pour assurer le succès de votre entreprise.

KÉBAB KING - DE LA RUE AU RESTAURANT INTERNATIONAL

SUCCESS STORY

Origines humbles

Commencé comme un simple stand dans un marché, Kébab King a rapidement gagné en popularité grâce à des recettes traditionnelles et des ingrédients de qualité.

Expansion stratégique

Leur premier restaurant a ouvert dans une zone à forte circulation, attirant à la fois les habitants et les touristes.

Franchise et globalisation

En maintenant des normes élevées et en offrant une formation rigoureuse, Kébab King a pu s'étendre internationalement.

Leçon

La passion pour la qualité, combinée à une expansion stratégique, peut transformer une petite entreprise en une marque mondiale.

KÉBAB ELITE - UNE MONTÉE RAPIDE SUIVIE D'UNE CHUTE ABRUPTE

✗ ÉCHEC

Promotion intensive
Kébab Elite a ouvert avec une campagne marketing massive, créant un buzz énorme.

Croissance non maîtrisée
Avec une demande élevée, ils ont rapidement ouvert plusieurs branches sans une gestion appropriée.

Compromis sur la qualité
Pour répondre à la demande, ils ont commencé à utiliser des ingrédients de moindre qualité.

Perte de clientèle
Les clients ont commencé à se plaindre, entraînant une baisse drastique de la fréquentation.

Leçon
Une croissance rapide sans une planification adéquate et sans maintenir la qualité peut entraîner une catastrophe.

BIOKEBAB - ALLIER TRADITION ET TENDANCE

SUCCESS STORY

Niche écologique

BioKebab a choisi d'utiliser uniquement des ingrédients biologiques et locaux.

Marketing ciblé

Ils ont promu leur engagement écologique et attiré une clientèle soucieuse de l'environnement.

Innovation constante

Des options végétaliennes et sans gluten ont été ajoutées pour satisfaire une clientèle diversifiée.

Leçon

Comprendre les tendances du marché et s'y adapter tout en restant fidèle à son cœur de métier peut offrir un avantage concurrentiel distinct.

FASTKEBAB - IGNORER L'IMPORTANCE DE LA FORMATION

✗ ÉCHEC

Approche économique
FastKebab a cherché à minimiser les coûts en embauchant du personnel inexpérimenté à bas salaires.

Service médiocre
Avec un personnel non formé, les erreurs de commandes étaient fréquentes, et le service était lent.

Réputation en baisse
Les avis négatifs en ligne se sont multipliés, dissuadant les nouveaux clients de visiter.

Leçon
Économiser sur la formation peut coûter cher à long terme. Le service est aussi important que le produit lui-même.

Conclusion

L'histoire du secteur du kébab est parsemée de triomphes et de tragédies. En analysant ces études de cas, les futurs propriétaires peuvent comprendre l'importance de la qualité, de la formation, de la planification stratégique et de l'adaptabilité. Chaque histoire offre des leçons précieuses pour ceux qui aspirent à réussir dans ce secteur dynamique.

3 - Comment maximiser les profits ? Stratégies efficaces pour une rentabilité accrue

La maximisation des profits dans le secteur de la restauration, et en particulier dans le domaine des kébabs, ne repose pas uniquement sur l'augmentation des ventes. Il s'agit également de gérer efficacement les coûts, d'optimiser les opérations et de renforcer la fidélité des clients. Examinons ensemble les principales stratégies pour maximiser vos profits.

1 - Optimisation des coûts

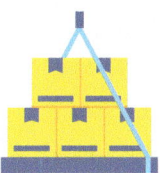

01 Achats groupés : Acheter en gros ou négocier des remises avec les fournisseurs peut réduire les coûts d'approvisionnement.

02 Réduction des déchets : Une gestion précise des portions et une rotation efficace des stocks minimisent les pertes.

03 Efficacité énergétique : Investir dans des équipements écoénergétiques peut réduire vos factures à long terme.

2 - Augmentation du ticket moyen

04 Upselling et cross-selling : Formez votre personnel à suggérer des ajouts ou des mises à niveau, comme des boissons premium ou des desserts.

05 Offres groupées : Proposez des combos ou des offres spéciales pour encourager les clients à acheter davantage.

3 - Amélioration de la fréquentation

06 Programmes de fidélité : Offrez des réductions ou des avantages aux clients réguliers pour les encourager à revenir.

07 Promotions saisonnières : Adaptez votre menu et proposez des offres spéciales pendant les périodes de pointe.

4 - Diversification des sources de revenus

08 Service de livraison : Envisagez d'ajouter un service de livraison à domicile ou de collaborer avec des plateformes de livraison populaires.

09 Ventes à emporter : Assurez-vous d'avoir des emballages de qualité et promouvez les commandes à emporter, surtout en période d'affluence.

5 - Expérience client exceptionnelle

10 Formation du personnel : Un personnel bien formé offrira un meilleur service, améliorant ainsi la satisfaction et la fidélité des clients.

11 Ambiance du restaurant : Investissez dans un décor attrayant, une bonne musique d'ambiance et un éclairage approprié pour rendre l'expérience mémorable.

6 - Stratégies de marketing innovantes

12 Présence en ligne : Assurez-vous d'avoir un site web attrayant, d'être actif sur les réseaux sociaux et de répondre aux avis des clients.

13 Partenariats locaux : Collaborez avec d'autres entreprises locales pour des promotions croisées ou des événements spéciaux.

7 - Analyse régulière

14 Suivi des performances : Utilisez des logiciels de point de vente (POS) pour suivre les tendances des ventes et identifier les articles les plus rentables.

15 Ajustements basés sur les données : En vous basant sur les données collectées, adaptez votre menu, vos heures d'ouverture ou vos stratégies de marketing.

Conclusion

Maximiser les profits dans un restaurant de kébabs nécessite une approche holistique, qui va au-delà de la simple vente de nourriture. En se concentrant à la fois sur la réduction des coûts et l'augmentation des revenus, tout en mettant l'accent sur l'expérience client, les propriétaires peuvent s'assurer d'une croissance soutenue et d'une rentabilité accrue.

Chapitre 10 :
Défis et Solutions

1 - Principaux obstacles rencontrés par les propriétaires de kébab

Se lancer dans le secteur de la restauration, et plus précisément dans le domaine des kébabs, est une aventure passionnante. Cependant, comme dans toute entreprise, des défis surgissent souvent en cours de route. Comprendre ces obstacles et les anticiper est la clé pour naviguer avec succès dans ce secteur concurrentiel. Voici les principaux défis auxquels sont confrontés les propriétaires de kébab et quelques conseils pour les surmonter.

1 - Concurrence accrue

Problème

Avec la popularité croissante des kébabs, de nombreux nouveaux acteurs entrent sur le marché, rendant le secteur saturé.

Solution

Differenciez-vous en proposant un menu unique, un excellent service client, ou en trouvant une niche spécifique, comme les kébabs biologiques ou végétariens.

2 - Fluctuations des coûts des matières premières

Problème

Les prix des ingrédients peuvent fluctuer en fonction de la saison, des conditions météorologiques ou d'autres facteurs économiques.

Solution

Établissez de bonnes relations avec plusieurs fournisseurs, envisagez des contrats à long terme pour stabiliser les prix, ou diversifiez votre menu pour réduire la dépendance à un ingrédient spécifique.

3 - Respect des normes d'hygiène et de sécurité

Problème

Les règlementations peuvent être strictes, et les inspections inopinées peuvent conduire à des sanctions si les normes ne sont pas respectées.

Solution

Assurez-vous d'une formation continue du personnel, effectuez des audits réguliers et suivez les recommandations des organismes de régulation.

4 - Gestion de la main-d'œuvre

Problème

Le taux de roulement du personnel dans la restauration est souvent élevé, ce qui peut entraîner des coûts de recrutement et de formation accrus.

Solution

Offrez un environnement de travail positif, des avantages compétitifs et des opportunités de formation et d'avancement pour retenir le personnel.

5 - Évolution des préférences des consommateurs

Problème

Avec les tendances alimentaires en constante évolution, ce qui est populaire aujourd'hui peut ne pas l'être demain.

Solution

Restez informé des tendances, sollicitez régulièrement les retours des clients et soyez prêt à adapter votre menu en conséquence.

6 - Gestion financière

Problème

De nombreuses nouvelles entreprises de restauration échouent en raison de problèmes de trésorerie ou d'une mauvaise gestion financière.

Solution

Faites appel à un comptable ou à un logiciel de gestion financière, surveillez de près les flux de trésorerie et préparez-vous aux périodes creuses.

7 - Difficultés en matière de marketing

Problème

Dans un monde dominé par le digital, avoir une stratégie de marketing efficace est crucial, mais cela peut être complexe.

Solution

Investissez dans le marketing digital, utilisez les médias sociaux pour engager votre clientèle et envisagez des promotions pour attirer de nouveaux clients.

Conclusion

Bien que le secteur du kébab présente de nombreux défis, une préparation adéquate, une recherche approfondie et une volonté d'adaptation peuvent aider à transformer ces obstacles en opportunités. En anticipant ces défis et en y faisant face de manière proactive, les propriétaires de kébab peuvent prospérer et réussir dans cette industrie passionnante.

2 - Stratégies pour surmonter les périodes difficiles

La restauration, tout comme n'importe quel secteur, connaît des périodes de creux. Que ce soit en raison de la saisonnalité, de changements économiques ou d'événements imprévus, ces moments difficiles nécessitent de la résilience et des stratégies bien pensées. Voici quelques recommandations pour aider les propriétaires de kébabs à traverser ces périodes avec succès :

1 - Prévision et budgétisation

Anticipation : Anticipez les périodes creuses en étudiant les tendances des années précédentes et préparez un budget adapté.

Réserve financière : Constituez une épargne pour avoir une réserve en cas de baisse soudaine des revenus.

2 - Diversification

Menu saisonnier : Adaptez votre menu aux saisons pour attirer des clients même pendant les périodes hors pointe.

Événements spéciaux : Organisez des soirées à thème ou des ateliers pour attirer une clientèle différente.

3 - Réduire les coûts sans sacrifier la qualité

Revoir les fournisseurs : Négociez les tarifs ou recherchez de nouveaux fournisseurs offrant de meilleures conditions.

Optimiser la main-d'œuvre : Adaptez les horaires de travail à la demande tout en veillant à ne pas surcharger votre personnel.

4 - Renforcer la présence en ligne

Promotions digitales : Proposez des offres spéciales pour les réservations en ligne ou les commandes à emporter.

Engagez votre communauté : Utilisez les médias sociaux pour garder votre clientèle informée et engagée. Créez du contenu attrayant pour rester à l'esprit des consommateurs.

5 - Collaborations et partenariats

Travaillez avec d'autres entreprises : Établissez des partenariats locaux pour des promotions croisées ou des événements communs.

Soutien mutuel : Créez un réseau avec d'autres propriétaires de restaurants pour partager des ressources, des conseils ou des références.

6 - Revoyez et adaptez

Feedback client : Utilisez les périodes creuses pour recueillir des retours de vos clients et apporter des améliorations.

Formation du personnel : C'est le moment idéal pour investir dans la formation de votre équipe afin d'améliorer la qualité du service.

7 - Explorez de nouvelles avenues

Livraison à domicile : Si ce n'est pas déjà fait, envisagez d'intégrer ou d'optimiser un service de livraison pour atteindre une clientèle plus large.

Nouveaux marchés : Explorez d'autres segments de marché, comme les traiteurs pour événements ou les commandes groupées pour les entreprises.

8 - Communication transparente

Équipe : Assurez-vous que votre personnel est au courant des défis et des changements potentiels. Leur soutien et leurs idées peuvent être précieux.

Clients : Soyez honnête avec vos clients fidèles. Ils peuvent être plus enclins à soutenir votre entreprise s'ils comprennent la situation.

Conclusion

Les périodes difficiles peuvent être stressantes, mais elles sont aussi l'occasion de se réinventer, d'apprendre et de se renforcer. Avec une planification soignée, une adaptabilité et une persévérance, les propriétaires de kébabs peuvent non seulement surmonter ces défis, mais aussi émerger avec une entreprise plus forte et plus résiliente.

Chapitre 11 : Perspectives d'Avenir

1 - Tendances émergentes dans le secteur du kébab.

Le monde de la restauration est en constante évolution, et le secteur du kébab n'est pas en reste. Ces dernières années, plusieurs tendances ont commencé à émerger, reflétant les préférences changeantes des consommateurs, les préoccupations environnementales et les innovations culinaires. Voici quelques-unes des tendances les plus marquantes qui façonnent l'avenir du kébab :

1 - Kébabs de qualité gastronomique

01 Elevation du kébab : Les chefs étoilés s'intéressent de plus en plus au kébab, en repensant et en améliorant ce classique de la restauration rapide pour des palais plus exigeants.

02 Ingrédients haut de gamme : Utilisation de viandes de meilleure qualité, d'herbes fraîches, de sauces maison et d'autres ingrédients de premier choix.

2 - Variations végétariennes et végétaliennes

03 Réponse à la demande : Avec l'augmentation du nombre de personnes adoptant des régimes végétariens et végétaliens, de nombreuses enseignes proposent maintenant des alternatives sans viande.

04 Innovations culinaires : Utilisation de protéines végétales, de tempeh, de seitan ou de jackfruit comme alternatives à la viande.

3 - Options santé et bien-être

05 Moins de graisse, plus de nutriments :** Des méthodes de cuisson plus saines et des ingrédients moins gras attirent les consommateurs soucieux de leur santé.

06 Salades et accompagnements nutritifs : Mise en avant de légumes frais, de céréales complètes et d'autres options saines.

4 - Personnalisation et DIY (Do It Yourself)

07 Kébabs sur mesure : Permettre aux clients de personnaliser leur kébab en choisissant leurs ingrédients, leurs sauces et leurs accompagnements.

08 Expérience interactive : Des stations où les clients peuvent "construire" leur propre kébab.

5 - Emballages durables

09 Réduction du plastique : Avec une prise de conscience croissante des questions environnementales, de nombreux restaurants optent pour des emballages biodégradables ou réutilisables.

10 Présentation innovante : Recherche d'alternatives esthétiques et fonctionnelles aux emballages traditionnels.

6 - Fusion culinaire

11 Mix de cultures : Intégration d'éléments d'autres cuisines, comme le kébab au curry ou le taco-kébab.

12 Épices et saveurs du monde : Introduction de saveurs nouvelles et exotiques dans les sauces et marinades.

7 - Technologie et digitalisation

13 Commandes en ligne : Mise en place de plateformes de commande et de livraison en ligne pour répondre à la demande croissante de commodité.

14 Paiements sans contact : Adoption de méthodes de paiement modernes, rapides et sécurisées.

Conclusion

Le secteur du kébab continue d'évoluer pour répondre aux besoins changeants des consommateurs. En restant informé des tendances et en étant prêt à s'adapter, les propriétaires de kébabs peuvent tirer parti de ces évolutions pour attirer une clientèle plus large et diversifiée, tout en offrant une expérience culinaire mémorable.

2 - Évolution vers la franchise ou l'expansion

Lorsque votre établissement kébab connaît un succès retentissant, il est logique de se poser la question : "Et ensuite ?" L'une des voies les plus courantes vers la croissance est l'expansion, soit en ouvrant de nouveaux établissements, soit en se tournant vers la franchise. Mais avant de plonger, il est essentiel de comprendre ce que chaque option implique.

1 - Expansion : ouvrir d'autres établissements

Évaluation financière : S'assurer que vous avez les fonds nécessaires pour financer une expansion sans compromettre la stabilité financière de votre entreprise actuelle.

Choisir des emplacements stratégiques : S'appuyer sur une étude de marché pour choisir un emplacement qui correspond à votre clientèle cible.

Gestion centralisée : Mettre en place un système de gestion pour coordonner efficacement tous vos établissements.

2 - Franchisage : permettre à d'autres de répliquer votre modèle d'affaires

Avantages : Le franchisage permet une expansion rapide avec moins de risques financiers pour vous. Les franchisés apportent leur propre capital et vous payez une redevance pour l'utilisation de votre marque et de votre modèle.

Élaboration d'un manuel d'exploitation : Document détaillé décrivant toutes les opérations, normes et attentes pour garantir la cohérence de la marque.

Choisir les bons partenaires : Le succès du franchisage dépend en grande partie des personnes avec qui vous choisissez de travailler. Les franchisés doivent être soigneusement sélectionnés pour leur expérience, leur engagement et leur capacité financière.

3 - Considérations pour l'expansion et la franchise

Protéger la marque : Assurez-vous que votre marque est correctement enregistrée et protégée pour éviter d'éventuels litiges.

Formation continue : Que ce soit pour une expansion ou une franchise, la formation continue est essentielle pour garantir la qualité et la cohérence du service.

Gestion des stocks et des fournisseurs : La coordination des fournisseurs et la gestion des stocks pour plusieurs établissements ou franchises peuvent être complexes. Envisagez des solutions logistiques centralisées.

4 - Avantages et inconvénients

Expansion

Avantages

Contrôle total, cohérence de la marque, revenus directs des ventes.

Inconvénients

Risques financiers plus élevés, gestion complexe avec plusieurs établissements.

Franchisage

Avantages

Croissance rapide, moins de risques financiers, revenus réguliers grâce aux redevances.

Inconvénients

Moins de contrôle direct, dépendance vis-à-vis des franchisés pour maintenir les normes.

Conclusion

L'expansion et le franchisage sont deux méthodes éprouvées pour développer une entreprise de restauration. Le choix dépendra de vos ambitions, de votre tolérance au risque, de vos ressources et de votre vision à long terme pour votre établissement kébab. Quelle que soit la voie choisie, une planification soignée, une gestion solide et un engagement envers la qualité seront essentiels pour assurer le succès continu de votre entreprise.

Conclusion

1 - Résumé des points clés

Le parcours pour ouvrir, gérer et réussir dans le secteur du kébab est vaste et complexe. Pour faciliter la compréhension et la mise en œuvre des connaissances, voici un résumé des éléments essentiels abordés dans ce livre :

1 - Importance du secteur du kébab : Le kébab, en tant que repas rapide et délicieux, joue un rôle clé dans l'industrie alimentaire mondiale, avec une demande constante et une histoire riche.

2 - Comprendre le marché : Avant d'ouvrir un établissement, effectuez une étude de marché approfondie pour évaluer la demande, la concurrence et les opportunités spécifiques à votre région.

3 - Choix stratégique de l'emplacement : Un bon emplacement peut faire la différence entre le succès et l'échec. Recherchez un endroit avec un trafic piétonnier élevé et une clientèle cible.

4 - Conception d'un menu attrayant : Veillez à offrir une variété de plats qui plairont à une large gamme de clients, tout en maîtrisant les coûts.

5 - Gestion financière : La maîtrise des coûts initiaux, la recherche de financements, la gestion budgétaire et la prévision sont cruciales pour la viabilité à long terme.

6 - Choix de fournisseurs fiables : Des relations solides et à long terme avec les fournisseurs garantissent la qualité et la régularité des produits.

7 - Normes d'hygiène et de sécurité : La conformité aux normes locales et internationales est essentielle pour assurer la sécurité des clients et éviter les problèmes légaux.

8 - Marketing et présence en ligne : Une stratégie marketing bien conçue, comprenant une présence active sur les médias sociaux, peut augmenter considérablement la visibilité et l'attrait de votre établissement.

9 - Fidélisation de la clientèle : Offrir une expérience client exceptionnelle, des programmes de fidélité et des promotions régulières peut transformer des clients occasionnels en fidèles ambassadeurs de votre marque.

10 - Gestion du personnel : Le recrutement, la formation et le maintien d'une culture d'entreprise positive sont essentiels pour assurer un service de qualité.

11 - Potentiel de rentabilité : Avec une gestion appropriée, un restaurant kébab peut offrir une rentabilité solide. Cependant, il est essentiel de comprendre et de naviguer correctement dans les défis associés.

12 - Expansion et franchisage : À mesure que votre entreprise grandit, des opportunités pour ouvrir de nouveaux établissements ou franchiser votre modèle peuvent se présenter.

13 - Préparation aux défis : Comme toute entreprise, un établissement kébab rencontrera des obstacles. Une préparation adéquate et une capacité à s'adapter sont cruciales.

14 - Tendances émergentes : Restez à jour avec les dernières tendances du secteur pour continuer à répondre aux besoins changeants des consommateurs.

Conclusion

Réussir dans le monde du kébab exige passion, préparation et persévérance. Ce livre a fourni une feuille de route complète pour naviguer dans ce voyage entrepreneurial. Avec les bonnes informations et une mise en œuvre stratégique, le succès est à portée de main.

2 - Motivation et encouragement pour les futurs entrepreneurs

Chers futurs entrepreneurs du monde du kébab,

Entreprendre est un voyage rempli d'émotions, de défis, mais aussi de grandes satisfactions. Il n'est pas toujours aisé de suivre sa passion, de croire en son rêve, surtout lorsque l'on fait face à des obstacles et des doutes. Mais c'est justement dans ces moments-là que se forge le véritable esprit d'entrepreneur.

1 - La Passion Comme Carburant

Votre passion pour le kébab, pour la cuisine, pour le service client, est votre plus grande force. Elle est le carburant qui vous poussera à vous lever chaque matin, à travailler sans compter les heures, à chercher sans cesse à vous améliorer. Ne laissez jamais cette flamme s'éteindre.

2 - Chaque Échec est une Leçon

Chaque entrepreneur, peu importe son secteur, vous dira qu'il a connu des échecs. Ce qui compte, ce n'est pas l'obstacle en lui-même, mais comment vous réagissez face à lui. Chaque échec est une opportunité d'apprendre, de grandir et de se renforcer.

3 - S'Entourer pour Grandir

Ne sous-estimez jamais la valeur d'un bon réseau. Entourez-vous de mentors, de collègues, d'amis qui croient en vous. Leur expérience, leurs conseils, leur soutien, seront des atouts inestimables dans votre voyage entrepreneurial.

4 - La Persévérance Comme Maître Mot

La route sera longue, semée d'embûches, mais la persévérance est la clé. C'est elle qui distinguera les entrepreneurs qui réussissent de ceux qui abandonnent. Rappelez-vous toujours pourquoi vous avez commencé, et laissez cette raison être le phare qui vous guide à travers les tempêtes.

5 - Célébrez Chaque Victoire

Peu importe sa taille, chaque victoire mérite d'être célébrée. Chaque client satisfait, chaque mois où vous atteignez vos objectifs, chaque nouvelle ouverture... Prenez le temps de savourer ces moments, ils sont la preuve que votre travail acharné porte ses fruits.

6 - La Vision à Long Terme

Il est facile de se perdre dans le quotidien, dans la gestion des problèmes immédiats. Mais n'oubliez jamais de lever la tête, de regarder vers l'avenir, de vous rappeler où vous voulez aller. Cette vision à long terme vous aidera à prendre les bonnes décisions et à rester sur la voie du succès.

Conclusion

Chers futurs entrepreneurs, sachez que le monde du kébab, comme tout secteur entrepreneurial, demande du dévouement, du travail et de la passion. Mais avec la bonne attitude, une préparation minutieuse et une volonté inébranlable, le succès est non seulement possible, mais il est à votre portée. Croyez en vous, croyez en votre projet, et n'oubliez jamais que chaque grande réussite a commencé par le simple acte de commencer.

Bonne chance dans cette aventure passionnante !

Bonus 1 : Exemples de jolis menus

BURGER
Menu

SET MENU

Complete set	S 67.00
Premium set	S 55.00
Normal Set	S 32.00
Kids Set	S 30.00

ALA CARTE

Big Burger	S 17.00
Cheese Burger	S 15.00
Classic Burger	S 12.00
Chicken Burger	S 10.00

BEVERAGE

Milk Shakes	S 5.00
Soda	S 4.00
Ice Tea	S 3.00
Coffee	S 3.00

DESSERT

Apple Pie	S 5.00
Ice cream	S 4.00
Hot Cake	S 3.00
Waffle	S 3.00

FREE DELIVERY
123-456-7890

WWW.REALLYGREATSITE.COM

BORCELLE

BURGER BAR

MENU:

CHICKEN BURGER

Classic Burger	$5.00
Regular Burger	$3.00
Chicken Burger	$4.00
Chicken Chees Melt	$2.00
Mozarella Burger	$6.00
Double Chicken Burger	$7.00

BEEF BURGER

Cheese Burger	$5.00
Beef Burger	$3.00
Chicken Burger	$4.00
Hamburger Melt	$2.00
Mozarella Burger	$6.00
Double Beef Burger	$7.00

+123-456-7890   www.reallygreatsite.com   123 Anywhere St., Any City

FAST FOOD MENU

Main Course

Cheese Burger	$3
Cheese Sandwich	$2
Chicken Burger	$3
Spicy Chicken	$3
Spicy Burger	$3

Appetizers

French Fries	$1
Chicken Nugget	$1
Ice Cream	$1
Cheese Cake	$1

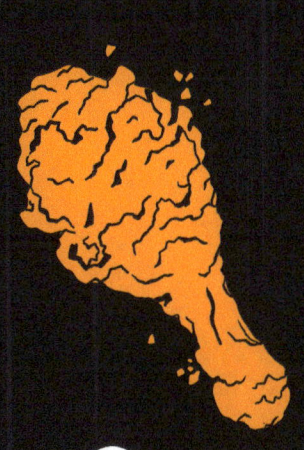

Drinks

Milkshake	$1
Ice Tea	$1
Orange Juice	$1
Lemon Tea	$1

FAST FOOD MENU

MAIN COURSE

Cheese Burger	$3
Cheese Sandwich	$2
Chicken Burger	$3
Spicy Chicken	$3
Spicy Burger	$3

APPETIZERS

French Fries	$1
Chicken Nugget	$1
Ice Cream	$1
Cheese Cake	$1

DRINKS

Milkshake	$1
Ice Tea	$1
Orange Juice	$1
Lemon Tea	$1

What's On The Menu?

Borcelle Kitchen

Tuesday
02.09.24

↓ CHECK IT OUT!

Double Cheese Burger
Price: $12 ★ 4.9

Regular Cheese Burger
Price: $9 ★ 4.8

Mustard Hot-Dog
Price: $8 ★ 4.8

Salami Sandwich
Price: $7 ★ 4.9

Double Cheese Pizza
Price: $9 ★ 4.9

Chicken Kebab Wrap
Price: $7 ★ 4.9

ORDER ONLINE & GET 20% OFF:
reallygreatsite.com

We're Open **24/7**

Come & Visit Us!

We're Located Here!
123 Anywhere St., Any City

Since 1990
Beach Drink

Strawberry Soda	$4.5
Cold Soda	$4.5
Peach Tea	$4.5
Coconut Water	$4.5
Melon Juice	$4.5
Mineral Water	$4.5
Iced Tea	$4.5

Lemon Juice
with the freshness of natural lemon will bring you big joy

$4.5

Orange Honey
natural and big orange mixed with honey and iced water

$4.5

$4.5
Mango Milk
the sweetness of mango mixed with milk that came naturally.

KEBAB TURKEY
Tasty & Healthy

MENU

Beef Kebab — $10
Tortilla skin, Original smoked beef, Salad, Onions, Tomatoes, Mayo sauce.

Cheese Kebab — $12
Tortilla skin, Original smoked beef, Salad, Onions, Tomatoes, Mayo sauce, Mozarella cheese.

Chicken Kebab — $10
Tortilla skin, Original smoked beef, Salad, Onions, Tomatoes, Mayo sauce, Mozzarella cheese.

Special Kebab — $15
Big Tortilla skin, Original smoked beef, Mozzarella Cheese, Salad, Onions, Tomatoes, Mayo sauce.

Kids Kebab — $15
Big Tortilla skin, Original smoked beef, Mozzarella Cheese, Salad, Onions, Tomatoes, Mayo sauce.

Big Hot Kebab — $15
Big Tortilla skin, Original smoked beef, Mozzarella Cheese, Salad, Onions, Tomatoes, Mayo sauce.

Double Kebab — $15
Big Tortilla skin, Original smoked beef, Mozzarella Cheese, Salad, Onions, Tomatoes, Mayo sauce.

Special Kebab — $15
Big Tortilla skin, Original smoked beef, Mozzarella Cheese, Salad, Onions, Tomatoes, Mayo sauce.

DRINKS — $5
Coke Ice
Fruit Mojito
Juice Orange

SNACKS — $7
French Fries
Spicy Wing
Onion Ring

Delivery Order: 123-456-7890

reallygreatsite.com

CHICKEN
Menu

$2 Chicken Bowl

📞 **Delivery Order**
+123-456-7890

Fried Chicken
$2

Grilled Chicken
$4

Chicken Curry
$2

Chicken Kebab
$2

Chicken Salad
$2

Chicken Soup
$4

BORCELLE CHICKEN

FREE DELIVERY
123-456-7890
WWW.REALLYGREATSITE.COM

CHICKEN WINGS
$ 25

Crispy fried chicken wings is one of our best seller.

FRIED CHICKEN
$ 35

Bucket fried chicken with secret recipe will be always the favorite.

ROASTED CHICKEN
$ 30

Roasted Chicken with barbeque sauce is our new recommendation.

CHICKEN NUGGET
$ 17

Full meat, crispy chicken nugget served with tartar sauce.

FRENCH FRIES
$ 12

Good quality potato, deep fried and served with tomato sauce.

CHICKEN SALAD
$ 22

Green vegetable salad with roasted chicken and special dressing.

FAST FOOD MENU

APPETIZERS AND SNACKS

Mozzarella Sticks	$7
French Fries	$6
Chicken Fingers	$6
Broccoli Cheddar Soup	$6
Potato Wedges	$7
Chunky Onion Rings	$7

GOURMET BURGERS

Bacon Cheeseburger	$5
Stroganoff	$8
Vegetable Chilli	$6
Four Cheese	$9
Quarter Pounder with Cheese	$5
Mushroom Swiss	$7

BURGER TOPPINGS

Bacon Bits	$4
Cream Cheese	$4
Roasted Red Pepper	$3
Caramelized Onions	$3
Aioli Sauce	$4
Cranberry Sauce	$3
Sour Cream	$3

Bonus 2 : Exemples de jolis décors

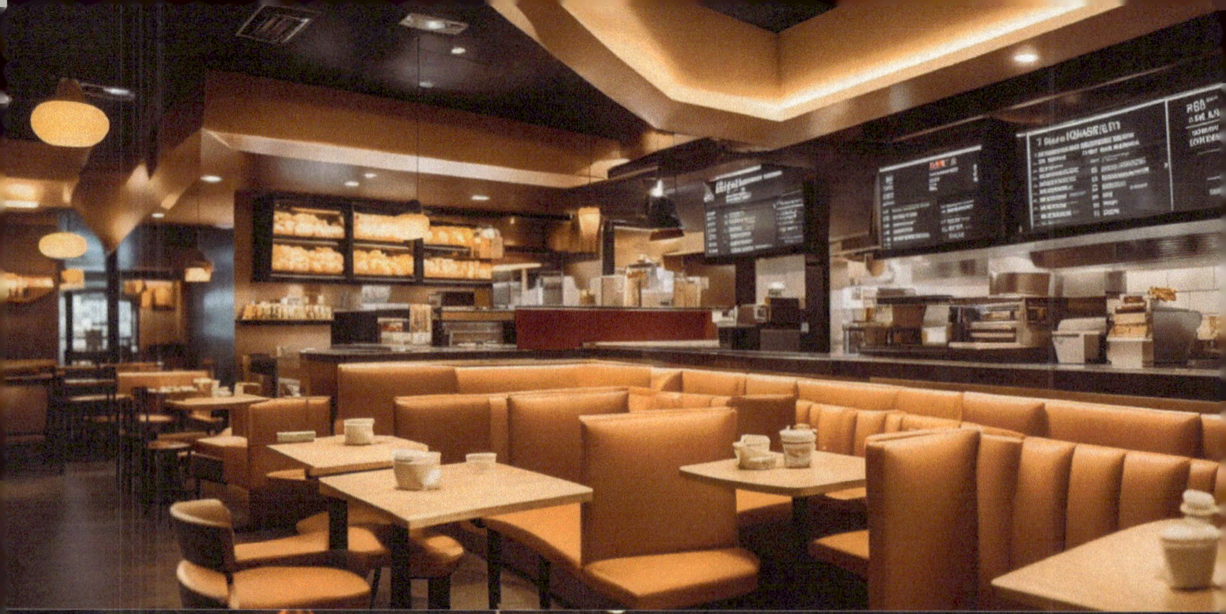

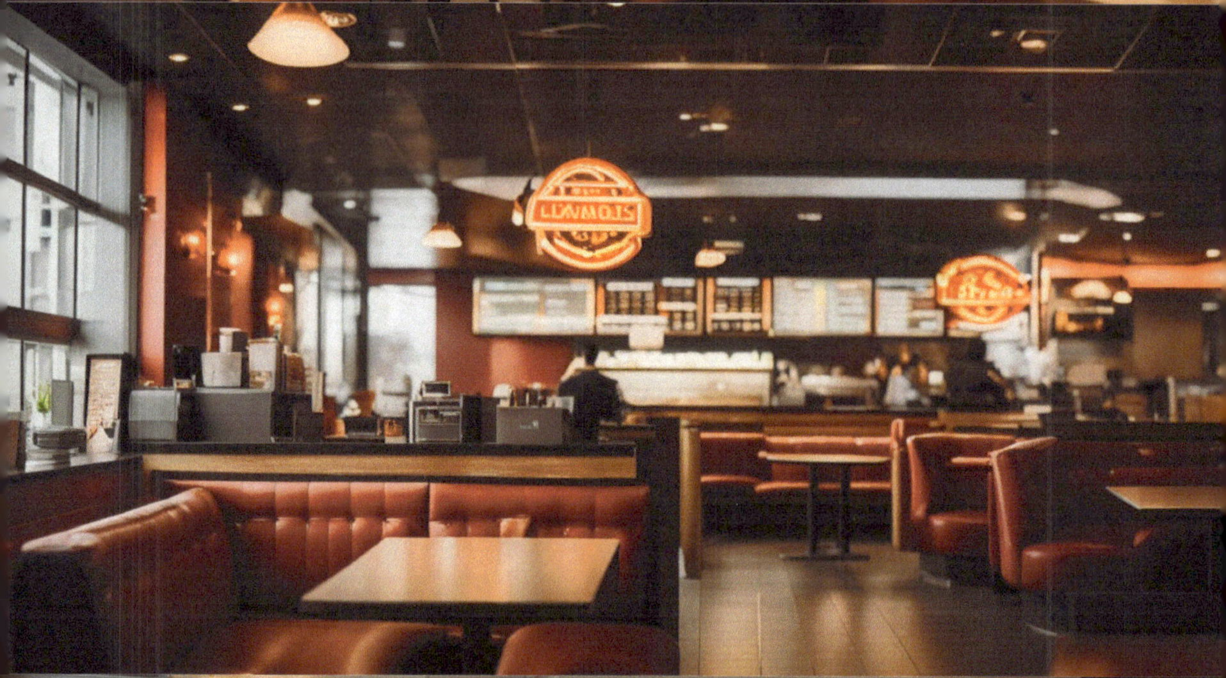

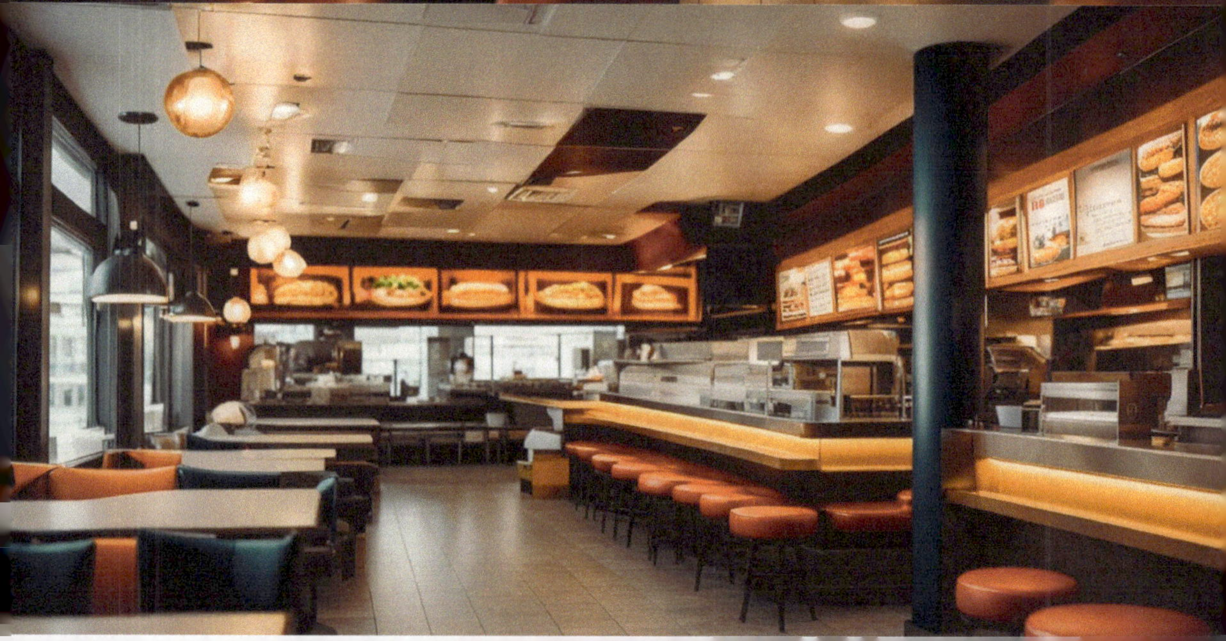

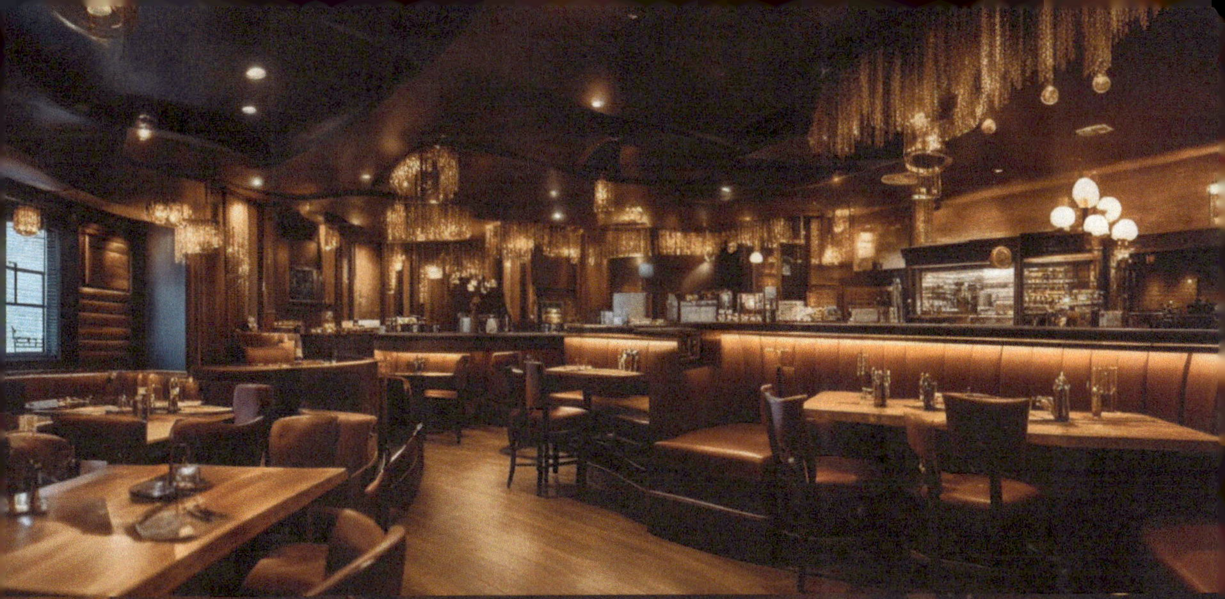

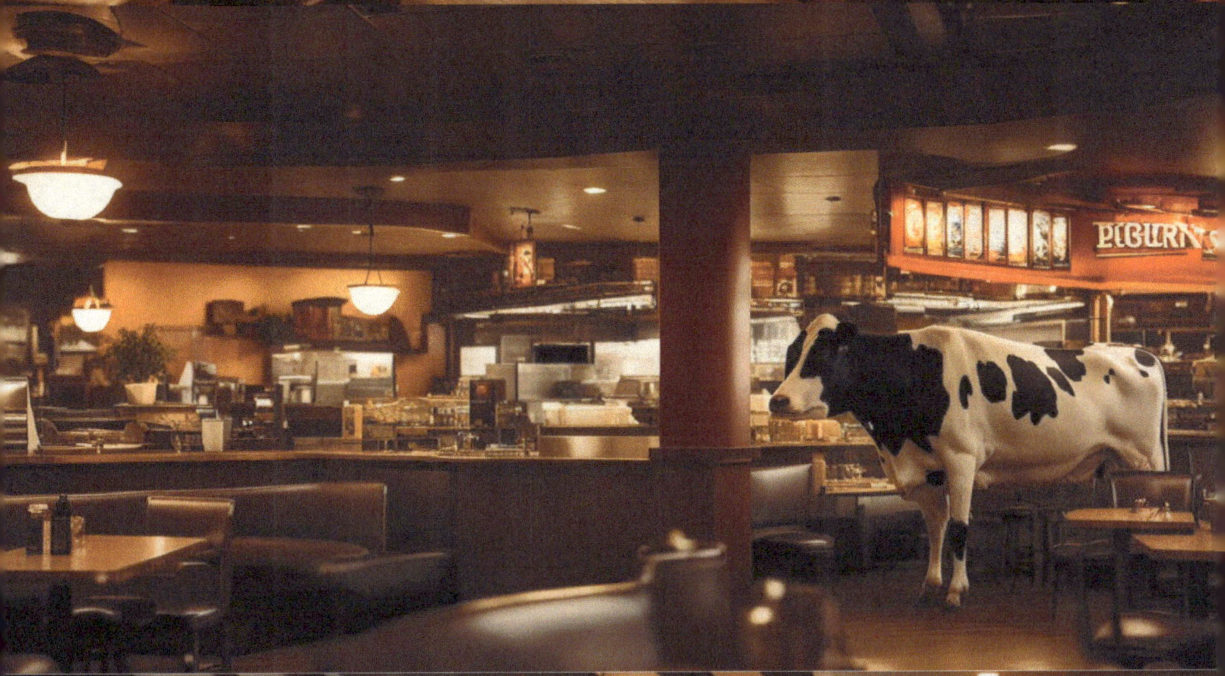

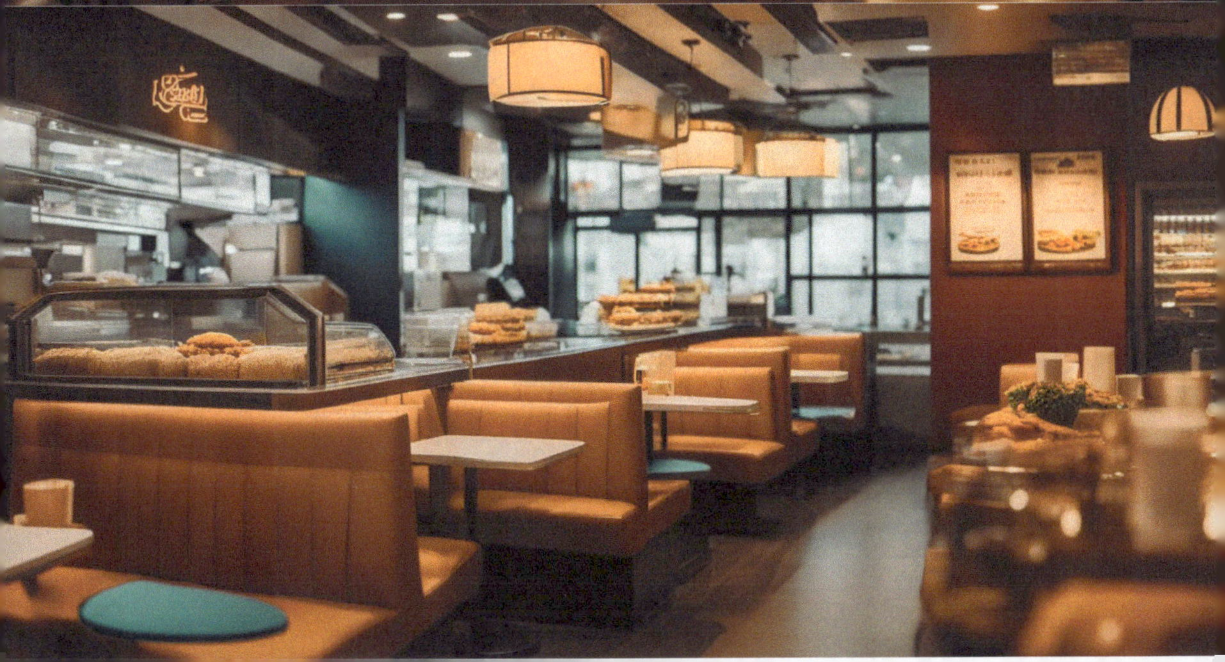

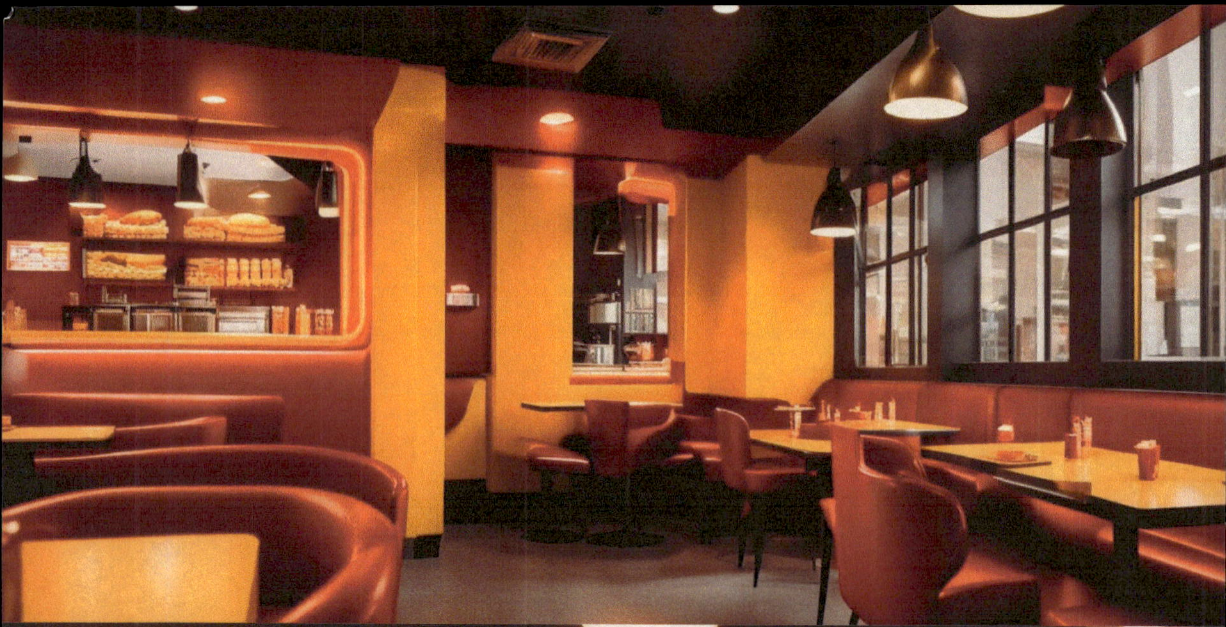
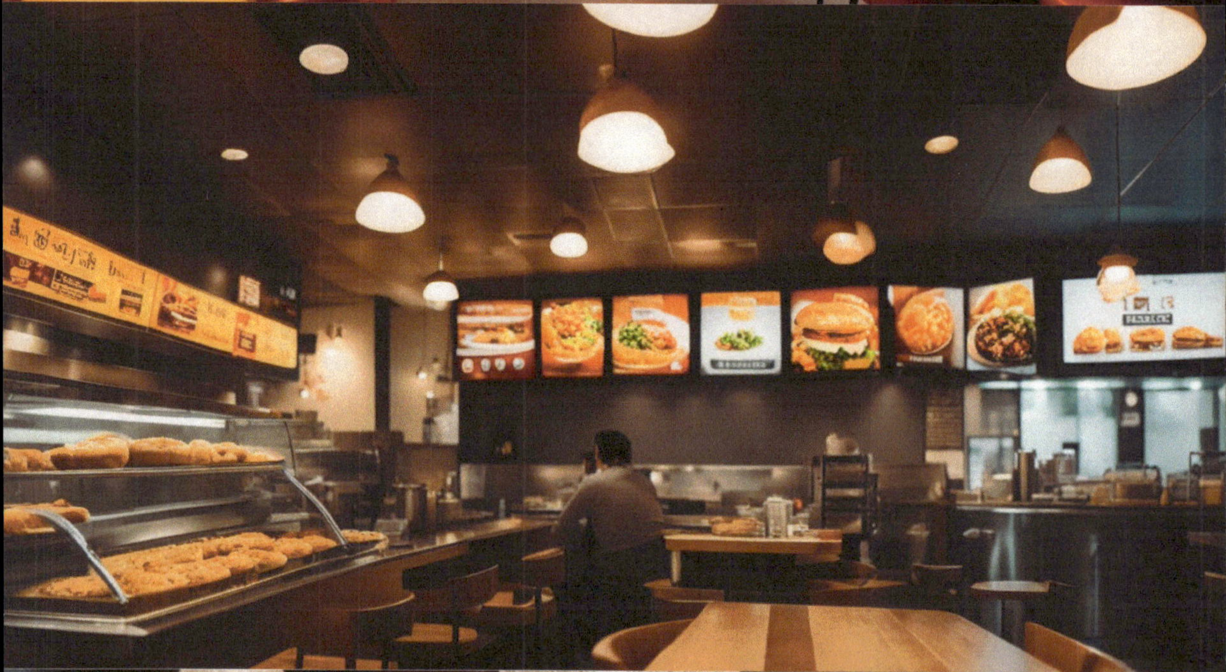
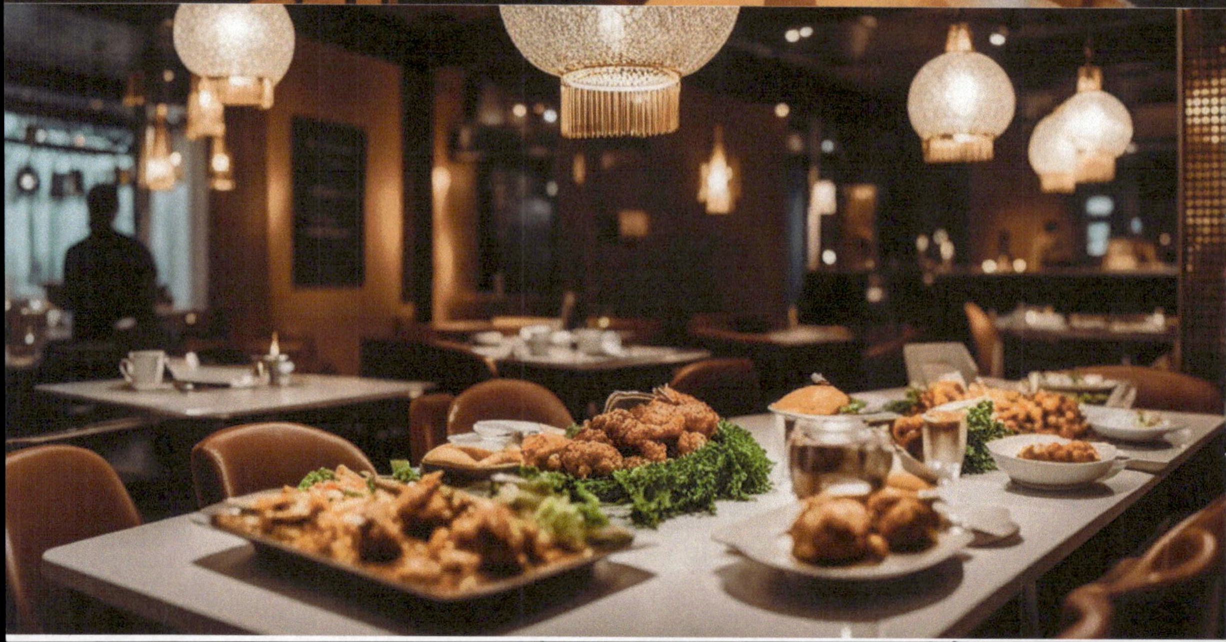

Bonus 3 :
30% de réduction

SPECIAL PROMO

- Vous souhaitez réaliser un site web pour votre restaurant ?
- Une application mobile ?
- Un joli menu pour vos clients ?

Recevez 30% de réduction avec le code promo :

KEBAB30

Scannez le QR Code ci-dessous pour en savoir plus.

Printed in Poland
by Amazon Fulfillment
Poland Sp. z o.o., Wrocław